為什麼要禪修？

大乘禪波羅蜜修行指引

釋繼程——著

〔自序〕為什麼要禪修？

佛
為大事因緣出現世間
什麼是大事因緣
要開示眾生佛之知見
禪修若開悟即見佛之知見

序為什麼要禪修？
——大乘禪波羅蜜修行指引

甲辰・正月二十日本和歌山妙淨山
大・平繼程并題

目錄

003 —〔自序〕為什麼要禪修？

卷一 禪修的終極目標

017 疫情帶來心覺醒
018 通過疫情的考驗
021 被動式閉關
023 禪修不只是心理建設
025 終極目標為解脫煩惱，悟道成佛
027 學禪要解行並重
027 了解完整的禪修觀念

知易行難 030
知難行易 034
知行合一成就目標 037
知易行難是將佛法理論當知識 037
知難行易是一種進步 038
掌握佛法的核心思想 041
理事無礙，知行合一 045
佛法即是心法 048

卷二 禪定波羅蜜的調身要領

禪定波羅蜜的定學 055
大乘禪定波羅蜜為定慧一體 055
先修禪定調和身心，再修智慧 057
身體五根 059

禪坐安身 062
靜態禪坐保持放鬆和醒覺 062
做好基本的調身工夫 064
閉眼隔絕對外攀緣 068
放開耳根不罣礙 071
放鬆身根才能久坐 073
日常生活中調身 076
掌握以身觸為主的方法 079
回到身根來用功 080
默照禪將方法具體化 082
掃描法為淺化的方法 085
呼吸法是禪修基礎 091
真正懂得用方法 094

卷三 禪定波羅蜜的調心要領

一心用方法 099
數、隨、止，凝聚一心 100
方法由繁入簡 103
想像用功和真正用功 105
以基礎工夫清理意識雜染 106
念佛的正念 109
直接用意識用功 109
禪宗念佛修定 111
念佛也可數、隨、止 113
念佛轉入話頭 116
以靜態方法對治動態散亂 118
找到修行與現實的平衡點 120
學方法是為了更好地應對現實 123

安忍過生活 124

卷四 大乘菩薩的禪波羅蜜

禪宗的修行法門特色 129
禪宗禪法定慧等持 129
大乘三昧為心一境性 130
日常生活運用禪法 133
行住坐臥皆是禪 135
禪法的修定層次 137
三界的禪定種類 138
欲界修行和色界修行的比較 141
菩薩三昧是禪宗的開悟境界 142
由止入觀的關鍵在於慧 145
依佛法智慧斷煩惱 146

卷五 以般若波羅蜜引導禪修

153 修學般若波羅蜜的方法
153 大乘佛教修學般若的三個次第
163 般若的緣起法則
163 諸法因緣生，諸法因緣滅
166 突破心理障礙，證悟實相般若
170 超越現象，深入本質看變化
172 依中道而行
176 禪修必須依般若而修
176 正見是修行的依據
180 因、緣、果是自然法則，無有好壞
183 從因緣果報循環，直透緣起觀

行善止惡以推動善的力量 189
《善生經》中的六方倫常 191
從緣起看社會結構：人人平等 195
以般若引導生活 197
戒、定、慧利於解脫個人煩惱 199
三學與六度 201

卷六 布施、持戒、安忍、精進波羅蜜

布施波羅蜜 207
布施的意義 208
布施的內容 212
持戒波羅蜜 232
戒律的根本精神 235
持守五戒 237

安忍波羅蜜 244
以四它為安忍的方法 246
禪修是訓練安忍的工夫 249
無生法忍的菩薩智慧 251
精進波羅蜜 253
精進用功辦道 257
以精進貫穿世間與出世間的所有行持 259

卷七 禪修貫通六度

六波羅蜜涵蓋所有佛法修行 265
法法貫通 267
輕忽戒行和安忍易形成妄念 270
多行善培福 272
六度具足好禪修 273

以禪波羅蜜貫通六波羅蜜 276
知緣起即智慧，由智慧引導行動 277
佛教重視慈悲 281
消除自我中心 283
以緣起觀無常、無我 287
將功利心轉化為感恩心 289
順緣逆緣皆感恩 292

卷一

禪修的終極目標

疫情帶來心覺醒

這一次的禪修課程，可說是一波三折。原訂二〇二〇年舉辦，卻因疫情而必須停辦。我們本以為疫情不會持續太久，沒想到嚴重影響全世界，讓我們舉辦課程的希望落空了。後來，又以為疫情能在二〇二一年結束，不料疫情更加擴大，直到課程進行的此刻仍未完全結束，但我們已經能和疫情共處。由於大家期盼課程的願心，加上負責人的堅持，一看到疫情有轉機就立即推動課程，讓我們終於能夠在禪堂見面了。

這些波折讓人體會到，很多事並非憑一己之力就能如願。比如我們覺得明年繼續舉辦課程應該沒有問題，但誰能預知明年會發生什麼事呢？還記得二〇一九年課程結束時，大家相約二〇二〇年再見，而二〇二四年會不會像二〇二〇年那樣，又發生障礙讓課程無法進行呢？一切都很難說。在因緣終於具足的當下，我們要非常珍惜這得之不易的因緣，抱著人身難得、禪修因緣難得的心，好好用功。

通過疫情的考驗

在疫情期間，每個人的身心狀態或多或少都受到了影響，很多是負面的影響。許多人失去了工作，遭逢親友的重病、驟逝，龐大的財務壓力讓生活陷入困頓……。大家如何面對疫情帶來的人生的風險呢？疫情為世人帶來的考驗，影響最大的其實是心理衝擊。

疫情表面上看似屬於生理層面的健康問題，但生理會影響心理，尤其這波疫情延燒全球，勢必帶來人心巨大的衝擊。疫情一來，讓我們習以為常的生活說變就變，原本一帆風順的人生，瞬間就從高峰跌至谷底，突來的衝擊容易產生各種負面情緒，甚至感到人生失去了意義。

不過，當疫情逐漸趨緩，我們也開始陸續舉辦活動後，便發現儘管疫情讓很多人遇到種種現實生活問題，產生許多負面情緒；但也有人在相同的處境下，得到很大的受用，能更深刻地反省和內觀。

許多朋友告訴我，儘管疫情帶來不少生活問題，心理上反而成長了。這說明了一切現象的呈現，不只負面，也有正面，正負與否取決於從哪個角度看待。如果是從負面的角度看待，用負面的心理所感受的就都是負面；但只要轉個方向看，從正面角度思惟、感受與行動，比如疫情期間，充斥許多負面消息時，假如能努力建設正面的生活型態，為自己累積身體健康的資糧，疫情就能帶來正面的受用。生理如此，心理也是，所以在疫情的衝擊下，心智反而可以更加成熟，有所成長。

這些朋友們能以正面的態度應對現實，是因為內心擁有清楚的信念，特別是來自藝術界的人對所從事的藝術工作，有很強的信念和信心，不論處境再艱難都會堅持努力，也因著對藝術的堅定信念，讓他們在走出疫情低谷後，能擁有比過往更大的揮灑空間。類似的情況，在很多佛教團體和學佛人身上也可得見。在疫情期間，他們不只把自己照顧好，還能對發生困難的人施予經濟及心理的協助，協助重建生活。由此可見，人的內心如果擁有信仰，擁有一種長期依正見、正念建立起來的心態，在面對困境時，將更能堅定地依其所信、所學，盡自己最大的力量安度難關。

相信大家通過疫情的考驗，也都有所成長。如今因緣具足，我們終於又回到期待已久的課程。疫後再聚首，各位進到禪堂來，當以珍惜因緣的心，更深入地反省和內觀，並更精進地用功。

疫情讓很多人開始內在的反思，因而發現反思其實需要方法，由此注意到禪修，我相信這樣的人會愈來愈多。禪修確實是很重要的，特別是面對生活的障礙、生命的無常，當巨大的衝擊襲來，人的內心必須要有強大、安定的力量，才能好好地應變。

外在衝擊可說是個契機，它使人思考生命，注意心理建設的重要，並認知信仰對心靈修養的幫助。有了這樣的認知後，人會開始尋找方法，只是當外在的衝擊過後，是否仍能意識內在修養的重要呢？能持續的人就會繼續尋找方法，在內在反思上持續深入。

我們不妨自我審視，在面對疫情的各種嚴峻考驗的時刻，是否能依照禪修的道理來思考和作為呢？你真的覺得需要佛法讓自己有方法面對、接受和處理問題嗎？如果你是長期用功修行的人，能否因著用功而能很好地安頓身心？這些問題值得各位深入體會。

被動式閉關

當全世界都實施嚴格的防疫措施，所有人平日從事的活動都必須停下時，我把這個狀態稱為「被動式閉關」。在疫情前，我的國外弘法活動很多，有時也會想能不能有靜下來自修的機會呢？過去的閉關用功經驗，帶給我很大的幫助，只是閉關不但要有很好的因緣，自己的身心狀態也得調整好，所以沒有機緣再次閉關。想不到疫情一來，不僅是我，也讓所有人都必須「被動式閉關」，別說是搭飛機出國，封鎖最嚴格的時候，只能待在自己的居家空間活動，很多人這時才發現自己的生活，原來幾乎都處在不停活動的狀態裡，很難靜下來面對自己。

當外在環境讓人必須被動式閉關，必須靜下來時，我們的身心是否能真正安定下來呢？很多人因為無法面對這種情況，不但身心出現各種障礙，家人間也產生衝突，衍生各種家庭問題；但也有很多長期用功的人因平時活動太忙，藉著封鎖期間必須靜下來的因緣，反倒能重新調整自己的生活，進行更深入的修行。我有些朋友就利用這段時間讀書充實自己，或在專業領域下更深的工夫。由此可見，看似負面的被動式閉關，其實可以用積極的態度，將其轉為主動的修行用功。能做到這點的人，平日用功大多已累積出力量，在面對被動、負面的狀態時，便能發揮力量來安定身心，並更好地用功。

看似為一個全人類共同面對的疫情，但實際上，我們是獨自一人在面對問題。表面上，疫情是大家的共業，也因為舉世一起努力，才能迎來全球解封的一日。從這個角度來想，就能分散面對問題時的壓力，因為這不只是自己的問題，而是所有人的問題。回顧這段期間發生的種種，會發現疫情讓很多個人內心深層的問題都顯現出來了，而你是否能覺察出問題，並做更好的調整呢？身為禪修者應該深刻地反省，疫情終究會過去，假如你是因疫情的觸動或打擊才體會禪修的重要，未來能否把禪修帶來的力量延續下去，就看有沒有持續用功了。

疫後生活彷彿恢復了常態，實則是有某部分和過往相同，也有某部分永遠地改變了，這個狀態被稱為「疫後新常態」。其實生活不管是處在常態或非常態，最重要的是能否保持身心的安定。面對疫後新常態，用功的人要繼續保持精進；如果你是因疫情才開始學習禪修，你的疫後新常態應該會覺得禪修是一種必須，而將禪修加入你的生活。不論老參或新學，都要讓禪修帶給你的力量持續下去，並從中得到更深、更大的受用。

禪修不只是心理建設

疫情時的用功，無論是長期用功或被疫情觸動來用功的人，很多人把禪修得到的受用與力量，都當作一種心理建設。安心的確是禪修很重要的功能，面對外境的變化，尤其像疫情這麼大的衝擊，我們非常需要調適心理的方法。

有很多突然感覺到需要學禪的人，使用老師教導的禪法度過了心理困境，不被問題擊垮。這些人在克服現實生活的難題後，可能仍會養成禪修的習慣幫助自己調整身心。但是，如果從完整的禪修角度來看，解決現實生活問題只屬於暫時性的作用，畢竟人要面對的不只是要解決當前生活的問題，如果把眼光放遠，還有更深層的生命問題有待處理。

禪修有其終極目標，那是一條很長遠的道路，但我們究竟必須完成目標。我們如果沒有更深層地去理解、學習佛法，明白禪修是為了要完成生命終極的目標，禪修便會一直停留在現實生活與心理建設的層次，無法向上提昇。

雖然禪修得到的受用，讓人覺得用禪法調和身心、處理生活的問題，果然是正確的選擇，認為這就是禪修最完整的功能了，而願意長期持續地用功。這樣當然也很好，因為禪修的確非常注重現實身心與生活問題的處理；但是，想要完成禪修的終極目標，就必須對禪的理論依據有更深層地理解，才能將終極目標建設起來，否則，禪修就會停留在對現有生活的發揮與受用的層次。而要建設起終極目標，必須通過佛陀的教學，理解佛法的義理，如此建設起來的禪修系統，才是純正的佛教禪法。

禪法共通於所有的教法，也就是說除了佛教外，其他宗教也都能借用佛教的禪法，發揮禪修的部分效果；可如果要深入禪最核心、最根本的部分，也就是完成禪的終極目標，還是非回到佛法不可。

終極目標為解脫煩惱，悟道成佛

一談到佛陀和佛法的教學，很多人都認為這是一種宗教信仰。宗教信仰確實是佛教的一部分，但是，佛教最核心的內容與終極目標是解脫煩惱，用禪修的說法來說，即是開悟，從大乘佛教的角度來看，則是完成佛道，也就是成佛。這才是禪法最核心的思想，也是禪修所要完成的終極目標，必須用佛法的智慧完成建設。

禪修者在得到禪修的受用後，能否依著佛法深入禪的核心思想，建設禪修的終極目標，那就要回到每個人本身。當你在禪修過程中，發現確實需要設立這個終極目標，便可持續依照我們的教學程序來學習；如果理解了以後，覺得這不是你要追求的，只是想要藉著禪法幫助自己安頓身心，解決當下現實的問題，那也沒有問題，還是可以針對你的需求持續地用功。

由於我們是佛教的禪修課程，除了教導實用的禪修方法、技巧，也一定會談到佛法，並依據佛法建立禪修的終極目標，這才是佛教完整的禪法。大家了解後，可以根據自己的需要，選擇是否接受它，做了決定後，再根據你的選擇持續用功，這樣你的用功就會跟自己的身心比較相應。

我們的課程會先針對佛教禪法的終極目標做分析，希望大家可以做出自己的選擇。

學禪要解行並重

禪修得到的受用，因人而異。有的人在短時間內得到了好處，雖然所學很淺，卻感到滿足；有的人長期用功，是停留在對生活的好處與受用；還有人理解了佛教禪法的核心觀念，而將此設為終極目標。這些不同的情況，取決於個人的選擇。

了解完整的禪修觀念

我們指導的是佛教禪法，所以要將其核心思想與終極目標，做一完整介紹，如此方能提供大家一個選擇的空間，讓認同的人能依此終極目標來禪修。如果在了解後，仍然選擇把禪修目標設定在對當下的受用，只想將禪法應用在生活中即可，雖然從佛法來看，這個選擇沒有很圓滿，但對個人來說仍是好的。

很多人已從禪修得到一些受用，卻只能停在某個程度，無法深入；或是經過一段時間起了退心，無法持續。其實，禪修對生活產生的受用，往往是有針對性的，假如對理論的理解不夠完整，將很難持續。很多人學會了方法後，就用成了生活的慣性，形成了慣性後，方法原本能發揮的功能與好處，就漸漸地發揮不出來了。還有些人的生活面臨了較大的衝擊，比如生死的課題等，因為不了解完整的禪修觀念，而失去堅持的信念，對禪修退失了信心。這些情形大都是因為對禪修沒有完整理解，而無法將所得的受用貫通起來，只能得到有限的受用；假如對禪法有完整的理解，在用功時，就有理論與方法上的依據與引導，這樣即使面對大的衝擊，還是能抱持信念持續用功。

禪修工夫要不斷深入，學習佛法的理論依據非常重要，甚至是不可或缺的，這是大家在禪修時，必須先了解的。

「禪」這個字，現在運用得相當普及，甚至連非宗教的團體，像是一些藝術文化團體或是心理學，都不乏強調禪的觀念與技巧的應用。禪已然是一種文化流行現象，即便單單只是用禪這個字，在大眾的普遍認知裡，都能賦予事物一種藝術文化或精神性的內涵。我們可以接受這些普及化的運作，但是，如果真正要以佛法為核心，完成禪修最終極的目標與作用，還是必須依佛法建設完整的理論依據。回歸佛法，是完整禪修必備的程序。換句話說，要修習禪法，就要學習佛法。

不論禪法或佛法，很多人學習之初，都是先學了一點理論，再學了一點方法，所學並不完整。因為是淺淺地學一點，也就淺淺地用一下，既不深入，也不透徹，但卻自以為這樣就是在學習禪法了。如果你是一位佛教徒，皈依了佛教後，覺得自己應該學習佛法，所以東學一點、西學一點，似懂非懂，但日常生活中又好像多少能用上一點。類似這樣的學習狀態，因為既不連貫，也不完整，很難從中得到較大的受用。

學佛、習禪的理論和行持必須貫通，才能深入並實踐所學。這時就發現不論佛法或禪法，都有很多的知識需要學習。佛教的相關書籍非常多，初接觸時，一些佛教入門類的書能幫助我們奠定基礎理解，如果想再深入學習，則必須閱讀佛教的經典與論典，學習由淺入深、次第完整介紹佛教的書籍，這樣就能從理論上，了解更多、更深也更完整的佛法。

知易行難

有些人很會讀書，可說到了飽讀佛書的程度，在消化、融通了佛法後，自覺對佛法理論有一定程度的了解，就組織了讀書會，邀集同樣對佛學有興趣的人一起討論佛法，甚或擔任老師指導他人理解佛理。讀佛書學習佛理，似乎不是很難的事，因為這些都是理論，屬於知識的理解範疇，有興趣的人可以多學一點，很多人都會經歷這個學習過程。

理論的學習似乎不難，甚至貫通義理後，還可以指導別人學習；但有的人會發現理論雖然讀懂了，可是對於理論所說的境界與行持，要將佛法落實在行為和生活，卻做不到。也就是說，要把理論化為行動，實踐佛教所謂的「修行」，實際要做時才發現真的好難！

尤其佛經提到一些菩薩境界時，也說若要蒙受法益，就必須落實菩薩行持，但要做時才知道自己的身心，並未真正地融入這些理論與知識。關於這一點，不僅初學者，許多學佛已久的人，都還困在這個「知易行難」的難題。

以不殺生為例，很多人認為佛教不殺生的觀念很好，尤其對應當前地球環境惡化的速度，不殺生對於環保很有幫助，但回歸日常生活，很多人卻因口腹之欲，而很難實踐不殺生。由此可知，在佛法的修學歷程裡，我們很容易困在「知易行難」的階段，雖然知道很多理論，覺得學習理論沒什麼困難，但要化為行動，就發現自己的身心沒有力量，難以實踐。

停留在此階段的人，有的人會不斷地反省，但過程中又感到很困擾，覺得自己明明知道這個理論很好，應該要做到，為什麼自己就是做不到呢？由於這個困擾，他們便產生了懷疑，大多是懷疑自己是不是真的沒有能力做到？還有的人是懷疑理論本身，認為會不會太過理想，而好到沒有人做得到呢？

有些人即使有了懷疑，但因為對佛法有信心，還是堅持走下去，最後走出了困境；而有些人處在困境裡，便想：「反正理論總是講得很好、很高深，我也相信這些理論，但我就是做不到，既然做不到，那我還是繼續學理論就好。」結果理論愈學愈多、愈學愈深，每次談起佛法都說得頭頭是道、滔滔不絕，但自己的日常生活行為，完全沒有改進。

還有些人把「做不到」視為正常，認為不僅自己做不到，大多數的人也是這樣，既然如此，那就別去碰觸這個問題，只談理論即可。大家開開心心地舉辦讀書會，卻發現每個人都有自己的心得，彼此的理解不同時，就開始辯論起來了。本來佛法是教我們無諍，結果一群懂很多修行理論的人，卻吵得不可開交，這就是「知易行難」，說得到卻做不到。

不知大家是否也處在「知易行難」的困境裡呢？這個困境引申出一個問題：為什麼理論的學習看似容易，實踐卻很困難？因為我們對佛法理論的理解層次很粗淺，因此，會覺得理解道理很容易，直到要將理論傳達的訊息透過行持落實時，才發現實踐很困難。

如何突破這個困局呢？有兩方面的心態要調整：一方面雖然知道不容易做到，但所謂「難行能行」，還是可以透過努力做到，所以要有信心堅持下去，盡量落實佛法的道理；另一方面更重要的是，我們通過學習自以為理解的佛法理論，事實上，都是非常粗淺的理解。

這就是為什麼一些看起來很簡單的道理，歷代的祖師大德卻要用大量的文字與篇幅來反覆解讀。很多人學習佛法覺得理論並不難，比方說因果，不就是善因善果、惡因惡果嗎？但為了解釋因果和緣起觀念，歷代論師們需要著述長篇的論典反覆地解釋。我們從經典中也看到，佛陀講學時，同一觀念總要反覆地解釋，這次講過了，下回還要再進一步地講，乃至對不同的弟子會有不一樣的講法。

由此可知，我們學到的很多理論，以為自己都懂了，但其實所知很有限。當你明白了這點，而想再深一層理解時，就會明白祖師們為何要反覆不倦地解釋和說明，如果你真正地跟著祖師們下工夫，就能體會這些表面上看起來很淺的道理，其實都非常地深。所謂的「深」，並非指我們無法理解或學習，而是指學習時，人很容易困在自己的慣性思惟裡。

人的思惟有很多慣性，可能是從小養成，也可能是求學時老師與同儕所灌輸，或是出社會後，經由自我學習和閱讀中吸收的知識。譬如多數人的成長過程，所學習的都是如何得到更多，因為這表示我們成功了。因此，考試時，我們要得到更多分數；出社會後，要賺到更多的錢。我們習慣不停地要這個、要那個，這些都是成長過程養成的習慣，在學習佛法時，自然也很容易帶入這些習慣。

其實，很多人來禪修是帶著很多生活習氣而來。比如想要在禪修中追求什麼，這些都是長期養成的慣性，因為我們在生活中就是如此。我們自小到大一路學習到的都是要追逐、要獲得，並且是愈多愈好。因此，很多人剛開始學習佛法理論，以為學得愈多愈好，殊不知當逐步進入佛法核心時，漸漸地會發現不是這麼一回事，自己竟是朝向一個完全相反的方向而行。

因為佛法告訴我們的是減法的道理，在理論學習階段，慣性思惟並不會妨礙我們理解這個道理；但進入更深一層學習，即知行結合的階段，就會發現如果無法放下慣性思惟，實踐會變得很困難，因為實踐必須回到個人身心，而此時的身心必須做出與過往慣性思惟相反的調整，即減法的運作。

知難行易

曾有人問禪修者說：「禪修是為了得到了什麼？」答案是：「什麼都沒得到。」那人又問：「既然什麼都沒得到，為什麼要學？」禪修者回說：「因為禪修後，我的執著和追逐減少了，我的煩惱減少了。」原來，禪修不是要增加什麼，而是要減少什麼，這是佛法告訴我們的學習方向。

談到佛法的核心思想，諸如無常、無我的觀念時，很多人一聽到就說：「喔，佛教的態度都是很消極的。」因為現實的慣性告訴我們，人應該要積極地追求，得到愈多愈好，就連學習佛法也往往是朝著這個方向走，卻不知學習的關鍵是在掌握了核心思想後，就要往愈來愈簡化的方向學習。

當學習漸漸地邁入核心階段，就會發現佛法的核心思想，要改變的是人的思惟慣性，方法上也是朝著與過往相反，像是逆流而上的方向進行。也就是說，領略了佛法核心思想後，就要將過往學習的繁瑣內容，不斷地簡化。這是學習佛法最重要的轉折點，而要把握這點才是最困難的事。

如果你學習佛法已來到由繁入簡的轉折點，就知道這比學習各種理論都要困難；但是，當你能把握要領，會發現原來要將佛法應用到生活，其實是很簡單的，這就表示你的學習已進入到「知難行易」的階段。

不知大家已進入「知難行易」的階段或處在「知易行難」的困境？在由「知易

行難」朝往「知難行易」的過程，你會深刻感受掌握佛法的核心思想，要比學習大量的佛法理論還要困難；然而，在你知道這一點的同時，就已邁向「知難行易」的方向，有所進步了。不論你所知多少，當發現在生活運用佛法竟然愈來愈簡單了，那就表示你的學習階段已越過了「由繁入簡」的轉折點，學習已轉入更深、更重要的階段。由此可知，這個轉折點是通往終極目標非常重要的關鍵。

知行合一成就目標

修習佛法分為兩個階段：一是知易行難，二是知難行易。

知易行難是將佛法理論當知識

第一個階段的知易行難，即理論上的學習。在這個階段之初，會覺得學習滿容易的，因為學的都是理論，而要理解這些理論並不難；可是在我們以為理解了這些理論，想要應用在生活時，才發現要將理論化為行動竟是如此之難。

許多學佛人都有困在這個階段的經驗，有的人會在理論下更多的工夫，而忽略實踐的重要，甚至乾脆把佛法當作一種學問、一種知識，這樣的人將很難突破「知易行難」的困局。還有的人從理論上知道佛法很好，也發現將方法應用於生活中會更好，所以儘管要做到很不容易，但仍會嘗試用很多的方法來用功，只是如果他們的方法仍停留在理論和理解的層次上，要在生活中實際應用，還是會有很多的障礙。

知難行易是一種進步

第二個階段的知難行易，當學習者學到了正確的方法，經歷了比較深入的修行後，便會發現所謂用功，其實就是調整自己的身心。用功時會覺察到正是因為自己的身心障礙太多，而讓實踐變得困難，必須下定決心調整自己的整個身心狀態。

很多人在禪修的過程中，發覺自己的身心調和了，也比較安定，此時再想深入佛法的實踐，便會出現兩種狀況：第一種狀況是透過實修達到身心安定，而想更深一層觀想佛法，才發現從前所學的理論僅停留在知識的層面。這些知識或從書本得知，或是老師與他人的指導，或由其他學佛媒介接觸，但這些都是外在的知識；直到透過觀想，要從自己本身內在的理解產生真正的體會時，方知道原來理解深層的佛法，才是最難的事。

第二種狀況是曾嘗試將所學理論化為行動，但因過於表淺，以致於實踐非常困難；而當真正可以用修行印證理論時，方體會到原來要把握佛法的核心思想，而非僅停留在表層的理解，這才是最困難的事。

如果你體驗到這兩種狀況，便是轉入了「知難行易」的階段。你能夠在這個層次上用功，表示在佛法的修學與實踐上，已經有了滿大的進步，因為實修沒有太多困難了。

如果你所學的禪修方法得力，便會發現一旦將身心調整好，很多佛法的道理就能夠身體力行。禪修有一個重要的功能，即是修定，當你的心安定了，就能凝聚自己的心力，讓心變得有力量，即使要面對很多問題，都能用這個安定、有力量的心來解決。

你現在是在第一階段的「知易行難」或第二階段的「知難行易」？或是正從第一階段進入第二階段？假如是後者，表示你的修行有進步，不是只停留在第一階段，只想學個理論當作知識，能做就做，不能做就算了。在學佛的道路上，我們要不斷地反觀內省，才會進步。

學佛一段時間後，從吸收的許多理論，會知道佛法所說的不外乎無常、無我的道理。很多初學者乍聽這樣的道理會覺得很簡單。每個人都知道世上一切事物都在變化，所以很容易理解無常；再深一層來看無我，世上一切，包括自我在內，都非永恆不變的實體，是由很多因緣組合而成，也是不斷在變化。因此，無常、無我看似不難懂的道理，卻需要非常多的佛學課程來解說。我們從經典中也可發現佛陀跟弟子所說的，都還是這些道理。

舍利弗是佛陀弟子中智慧第一，他原本是跟著其他教派的老師學習，但覺得自己所學不夠圓滿究竟，便尋覓能否有真正開悟的老師可以指導他。他有次在路上遇到已證得阿羅漢果位的馬勝比丘，舍利弗一見到他就覺得相貌莊嚴，舉止端正，令人感到非常地歡喜，心想這一定是在修行上有很好的成就，便趨前請教他的老師是誰，以及修行的方法。馬勝比丘告訴舍利弗，他是跟佛陀這一位覺悟者學習，佛陀告訴他一個很重要的道理：「諸法因緣生，諸法因緣滅。」舍利弗一聽，當下便知這就是他尋尋覓覓的真理。

掌握佛法的核心思想

「諸法因緣生，諸法因緣滅」這句話很容易理解的，可是要我們把理論轉化成實際的行動，卻做不到。其實，這個理論從字面看，確實非常簡單，但它的道理實則非常地深，因為這兩句話是佛法的核心思想，想要真正理解它，必須建構一個很完整的理論體系。因此，歷代的論師們為了解釋這兩句話，採用非常精密、有系統的邏輯辯證，寫下了大量論典，為的就是說明這個簡單的道理。這兩句從字面上看似很容易的話，其實想要深入核心地理解它，卻是那麼地難。

從「諸法因緣生，諸法因緣滅」延伸出來的，就是無常、無我的道理。我們覺得無常這個道理很容易懂，但對無常的理解往往存在很多的誤區。好比家中有人去世，很多人會說「無常到了」，好像無常是在人去世時才會出現。假如對無常僅停留在這個層次的理解，很難轉化為生活中的行動。困難在於你不知道這個理論的核心究竟在講什麼，因為你的理解是在一個誤區，以為只有人去世或生病才叫作「無常」。這麼表面地理解無常，當然無法契入道理的核心，遑論應用在生活中了。

不過，當你開始通過一些修行方法，將過往累積的學習與思惟慣性，反向由累積轉為簡化，漸漸地就能深入無常義理的核心。當你真正理解無常，會發現現實生活中每天都在運用。因為你知道所有的現象都在不斷地變化，都是因緣生、因緣滅，所以無論發生什麼事都是很正常的事。有了這個體會，任何事發生在你身上，將不會受到太大的衝擊。就像過去三年的疫情，如果你了解無常的道理，疫情來時就不會驚慌，因為你知道因緣生了，就會因緣滅，明白這是無常的。如果你能以這樣的態度面對疫情，應對發生的種種問題就不會是困難的事，甚至能藉由這個因緣做更多的事，或是從突如其來的變化中，對無常的道理產生更深刻的理解，幫助你做更深層的內省與內觀，最終，你的生命境界反而因疫情的因緣而提昇了。

很多我們所知的理論，並未真正理解，甚至是誤解。換句話說，我們對它的理解，是不完整、不透徹，也不全面的，才會以為這些理論很簡單、很容易。而要真正進入這些道理的深層，就必須通過次第的學習程序，從第一階段的「知易行難」，第二階段的「知難行易」，逐步邁入下一個階段「知行合一」，即真實理解義理，並在現實生活很自然地運用。

舍利弗一聽到「因緣生、因緣滅」的道理，就知道這正是他在尋找的究竟真理，便找來他的師兄弟目犍連，領著他們的學生一起皈依佛陀。他們在佛陀的指導下，很快就透徹了解這個道理，證得阿羅漢果位。他們能這麼快地開悟，是因為他們的修行已達到一個程度，此時所需的只是理論上的一個點破。這個點破就是因緣生、因緣滅的道理，在一般人看來很普通；可就是這麼一個道理，舍利弗一聽便知非常重要，而且當下即有深徹的理解，然後再通過學習來完整把握佛法義理，並在修行上與生活中實踐，如此便斷除煩惱得解脫，證得果位。學習來到這個階段，即進入第三階段「知行合一」，也就是修行終極目標的完成。

在不同的修學階段，對道理的理解也會進入不同的層次，從表面的理解，逐漸進入深層的理解，隨著理解的程度愈來愈深，很自然地要運用這些道理，就會變得愈來愈簡單。到了最後，你終於明白原來你所理解的道理和生活中的一切行為是合一的。所謂合一，是指理論即行動。簡單來說，你所行動的就是你所知的理論，兩者是分不開的。當修習進入此階段，就能斷除所有的煩惱。

無常、無我是佛法的核心思想，至大乘佛教出現後，包括禪宗在內，這個核心思想則是用「空」字來表達。「空」字從表面上看，也不難懂，有些人來禪修，以為空的理念很容易，禪坐只要一直坐、坐、坐就空了。其實，他們講的空大都落在誤區，是從字面上或個人慣性思惟所理解的空，而非真正大乘思想的空。

那該如何理解空呢？大乘佛教的所有宗派都講空，只是從不同的角度切入，讓空的道理可以更好地表達。《大般若經》是最大部的大乘經典，用最多的文字與篇幅來解釋空的道理，而《心經》則將空的核心思想精鍊出來，成為一部很簡單的經典。《心經》所談的理論，從字面上看不難，但當你逐漸深入空的義理，便明白要把握它還真不容易！但正如《心經》所說：「菩提薩埵，依般若波羅蜜多故，心無罣礙；無罣礙故，無有恐怖，遠離顛倒夢想，究竟涅槃。」菩薩若能依般若、理解般若，以至能行般若之時，就心無罣礙。「三世諸佛，依般若波羅蜜多故，得阿耨多羅三藐三菩提。」諸佛得證般若，即成就佛道。

《心經》演示了修學的完整次第，從依般若、理解般若，到行般若、證般若，假如你完整、透徹地領會到何謂「空」，這個道理就會成為你的行動，你所實踐出來的都是空的道理，這時你就解脫了。

理事無礙，知行合一

學習佛法的過程，要先進入「知」，知道佛教的理論到底在說什麼。由於這實在不容易，所以必須透過各種方式的善巧方便來持續用功。其中，最核心的方法就是禪修，將理論融入到行為中，也就是說當行為完全是依理論而行，即理與事、知與行統一，兩者間沒有障礙，我們稱為「理事無礙」，此即達到最後的「知行合一」層次。

了解學習的程序後，你可以衡量自己的程度是位在哪個階段，該如何繼續向前成長。有些人可能還停留在第一階段，知道自己所知還不夠，也清楚修行很難，要真正地理解更難。如果你有了這層體會，該如何更深一層地進入呢？最核心的方法，也是必經的程序，就是禪修。

我們一方面要在「知」上更好地理解道理，另一方面則要在「行」上實際運用方法，好好用功。

《心經》做為一部智慧經典，相信很多人在初學階段都覺得很容易學習，認為所談的內容不深；可是，待要真正深入義理時，才發覺不是自己原以為的那麼簡單。相反地，它所解釋的是佛法最核心的空義，而要確實把握空義，需要非常深入地理解，才可能知道究竟在說什麼。

要深入理解，必然牽涉到心理的功能。佛法談論心，是從很多的角度切入，例如《心經》中談到的五蘊、十二處、十八界，這些都在講我們的身心與所依住的世間，其結構與彼此間的相互關聯，也牽涉到緣起的道理。想要知道《心經》在講什麼，就需要研究各方面的理論資料，包括運用我們本身已具備的知識，才能慢慢地理解。認真做了功課後，你除了知道《心經》真的太不簡單了，也會明白理解心的功能，才是把握《心經》義理的關鍵，此即所謂「從禪出教」。

從禪出教，說的是佛陀在教學之前，他先是一位修行成就者，因實踐了定慧一體而覺悟，然後從他覺悟的心，自然流露並開示出覺悟的道理，這些道理就是佛法。定慧一體用禪宗的角度說，就是禪。佛陀是用他的心印證佛法，先修心修到讓心與道理融合，用心印證了之後，再從他的心將這些道理開示出來。

佛陀用言語開示佛法後，弟子們將開示的內容結集成經典，後來的高僧大德又再整理為論典，而後還有相當多的佛教書籍，我們就通過這些媒材學習佛法。當我們在解讀經典和理解理論時，通常是用一般性理解知識的能力，屬於心理比較表層的功能。像過往的學習經驗裡，我們聽老師講課、看書，從中得到知識，接著再通過理解、消化知識，就能從中獲得更多領悟，並有應用知識的能力。

有一類人在理解知識後，就能把知識轉為自己的行動，或挖掘出前人未發現的道理，很多具發明能力的科學家就屬於這一類人。他們理解事物的方式不同於一般人，這一類人被稱為「天才」。我們求學時都可能遇過這樣的人，老師上課，他聽一遍就都會了，平時看他沒怎麼在讀書，但從小到大都考第一名；但也有些人無論老師怎麼教都聽不懂，課後雖然認真複習還是讀不懂。明明老師是一起教導的，學生的學習狀態為何會有那麼大的差異？由此可見，不是老師教導的內容有問題，而是每個人心理的理解功能有別。

佛法即是心法

心理的理解功能是天生的、定性的嗎？似乎並非如此。因為也有些人可能在小學、初中階段的學習能力不是很好，可是到了高中、大學階段卻忽然開竅了，變得很聰明，學什麼都很快。

在佛陀的教導裡，對於人心的理解功能，解說得非常透徹。從古至今談論人心深層功能的運作，佛教的心理學可謂第一，即使是現代的心理學也無法講得比佛法更深入。佛教的心理學之所以深刻，是因除了將人心分析得很透徹，而且不只是解說，還提供了許多改進、修練心的方法。當心顯現為一種生命體的功能，即受到了各種限制，也因為這些限制，讓心無法完全發揮它的功能，而佛教則提供種種修行的方法，幫助人清理這些障礙，讓心的功能得以顯發，直至最後能將心最本然、最根本的作用徹底發揮。要做到這一點，就需要很多方法，而這些方法必須有理論的依據，修行時才能將方法和理論兩者結合為一。

因此，佛教談心，不僅僅只是心理學的理論而已，它更是一個博大深刻的思想與哲學體系。唯識宗是佛教裡專講心理的宗派，它在進行心理分析的同時，也將這些分析與因緣生因緣滅、無常、無我、空等佛法核心思想互相結合，接著再通過修行的方法清除心的障礙，讓心與理完全融合一體。這就是唯識學「轉識成智」、「轉染為淨」、「轉迷為悟」的修證過程。

佛法做為心法，講的是非常深刻的道理，而要真正理解這些道理，就必須修心，清除心的障礙。心的障礙多來自於長期累積的生活慣性與思惟模式，很多人局限在這些模式裡，以致於在學習更深刻的道理時，就被障礙住了，佛法對這些也做出了分析，更重要的是設計了一套套善巧的方法，幫助我們打破慣性、突破障礙，讓這個經過修練、淨化的心，得以真正地理解這些道理，而非僅停留在表層、慣性的理解。

所謂的「天才」，是指有特殊的理解能力，以致於學習上不太受到種種限制的人。我們的周遭多少也有這樣的人，他們可能在藝術、體育、學術等方面的表現特別突出，或有某方面特殊的才能，這些都不是跟別人學來的，而是從他們本身的心理功能發揮出來的。像這一類人，我們會說他們「悟性高」，意指他們心理的障礙很少，所以他們學習新事物可以很快得到要領。

「悟」，在佛教裡，是一個很重要的詞語，是指心已經沒有障礙，可以直接體會理，這就是「開悟」。比如佛教的空義，有人一聽空的理就明白了，像是舍利弗為什麼一聽到「因緣生、因緣滅」就理解了？因為他原本就有很深入的禪修工夫，很多心裡的障礙都清除了，所以一聽到佛法就馬上相應，直覺這就是他要的真理，以至當佛陀親口跟他說法，便當下開悟了。只是這類人畢竟是少數，絕大部分的人想要開悟，都是要聽過了道理，再繞了很大的圈子，慢慢地把各種不正確的知見清理掉後，才能真正地理解佛法。

佛法是幫助我們解脫煩惱的般若智慧，只要心無罣礙，即可證得正覺。至於要如何依般若完成解脫煩惱的目標呢？那就必須通過修行。

關於修行，佛教設計了很多方法，因為學習佛法之初，障礙一定比較多，需要更多善巧方便幫助我們清理障礙。透過修行，慢慢地清理到一個程度，我們會感覺很多的妄念、雜念都清理掉了，等到心完全統一後，再以這個心去理解佛法，會發現佛法並不難理解。很顯然地，佛法只要我們實際去運作，就能夠明白。

修行雖有很多善巧方便，但最究竟的方法就是禪修。禪修是定慧雙修的法門，我們開辦禪修課程，一方面是要幫助大家建設理論，因為沒有理論做為慧學的基礎，不可能開悟，完成解脫煩惱的終極目標；另一方面，智慧不只是在理論上建設而已，要真實理解、體悟理論，就必須修心。修心很重要，可以說禪修的方法，就是讓心從能夠理解到能夠悟道的整個過程。

我們在這期課程除介紹禪修的方法，也會介紹相關的佛法理論，讓大家通過方法去印證理論，並通過理論來引導方法的運作，希望大家在理論與方法上，能夠雙向並進，持續進步。

卷二

禪定波羅蜜的調身要領

禪定波羅蜜的定學

修行，是完整佛法的學習過程。大乘佛教的終極目標是通過學習，不但解脫自己的煩惱，並幫助眾生同得解脫，以此圓滿佛道。通往解脫的過程，必須應用智慧，也就是「般若波羅蜜」。所謂波羅蜜，是從生死苦惱的此岸，到達涅槃解脫的彼岸，重要性不言而喻，而在開發般若波羅蜜的實際運作中，則確立了禪修的重要性。

大乘禪定波羅蜜為定慧一體

禪修的學習，從大乘佛教的角度來看，即是要進入「禪定波羅蜜」。《心經》也提示我們要完成「般若波羅蜜」，就必須經過禪定波羅蜜。換句話說，想要解脫生死煩惱，通往彼岸一定要經過禪定波羅蜜，也就是定學的修習。

佛教的六波羅蜜，又稱為六度，包括：布施、持戒、安忍（忍辱）、精進、禪定、般若（智慧），談到禪定波羅蜜時，重點比較偏重在定學。漢傳佛教的「禪定」二字，翻譯自梵文的dhyāna，原意專指定學，雖然漢傳佛教也很重視禪定波羅蜜，但在整體佛法的修學上，則是定慧並重，並且加入戒的行持，即戒、定、慧三無漏學。傳統修定的方法不僅傳入了中國，並獲得更完整地融合，後來發展而成「禪宗」這樣的一個宗派。

禪宗的「禪」字，並不特別側重在禪定，而是更廣義地涵蓋大乘佛教的禪定與般若，即定與慧的修學。定慧融合一體的運作，才是禪宗所要強調的重點。

儘管如此，定學的修習在完成佛法修學的程序上，仍是至關重要，也因此，禪定波羅蜜是學佛必學的方法。這些方法和中國禪宗所說的「禪」是聯繫且融合的，所以可將這些修定的方法，統稱為「禪修」。

隨著禪修課程的推進，會把修定的方法循序地詳細介紹。對資深的同學來說，這是複習的功課，至於初學的同學，則是建立一套完整的學習程序。為什麼建立一套學習的程序如此重要呢？因為在修行佛法上，才有一套系統性的運作方法。

修心是佛法修學的核心，也就是調心的工夫。然而，即使是相同的理論與教導方式，每個人的理解程度與學習狀態仍有所不同，雖然人心是敏銳的，但在學習上，每個人多少還是有些障礙，所以學習比較深入的道理時，有的人不但再努力也學不會，甚至產生誤解而陷入學習的誤區。這些狀況其實都是源自於心理的障礙，因為人有很多的思惟慣性，這些心的雜染作用會障礙正常學習，或是在進入更清淨的學習時成為阻礙，使人無法專心學習。

因此，當要更深入清淨的正法時，需要把內心的雜染與妄念，也就是心理的障礙做適當地清理，如此心才能與清淨的正法相應。從調心的過程，可知禪修的方法運作非常重要，甚至可以說除了禪修，其他修行方法無法像禪修那麼深入核心。

先修禪定調和身心，再修智慧

在六波羅蜜的結構裡，一定要先修禪定，才能修智慧。至於禪定本身，也有不同的層次。有的禪定只能讓我們停留在世間的學習，有的禪定則能帶領我們進入到出世間的修學，然而，不論世間或出世間的學習，都內含了很重要的調心技巧。另一方面，調心除了方法的學習，也要對心有一完整和系統的認識。因此，佛法有專門談心的理論，針對心的結構與功能，做深細的分析。我們現在就從調心最基礎的方法與技巧，開始學習。

一開始調心，便會發現很多生活上養成的慣性，都表現在人的表層，也就是身體。因此，心理功能運作的同時，也必須和生理的功能結合。換句話說，心和身，前者雖然比較內層，後者則屬於外在的功能，但兩者實為一體，不能分開。

如果要進入更深層的心，想要調整心更內在的作用，必須一起調整心外在比較表層的功能，即生理的五種感官作用，否則，它們可能會變成障礙，而這就屬於調身的工夫了。

調身、調心的兩種調和過程，在實際運作時，雖是一個整體在運作，但在調和的程序上，則有先後之別。

很多人調心時，以為只要注意心，而忽略了調身，結果在調和的過程中，生理上就出現了很多問題。我們的身體其實有很多障礙，假如忽略不管，沒有先把身體的問題做適當地處理，身體就會成為調心的一大障礙，讓我們無法調整更內在的心。

只有心清淨了，才能和清淨的法相應，究竟解脫煩惱。調心是最重要的禪修工夫，調身則是次要的，但這個次要的工夫，反而是要最先做到的，因為在身心的運作中，身體的覺受是人最先覺察到的部分，況且離開了身體，人也無法覺察自己的心如何運作。

因此，凡是有系統和完整的禪法學習，都會從調身工夫開始，再深入到調心工夫。至於調身，並非得把身體完全調和了，才能調心，而是先做到一些基本的調身工夫，再進入調心，並且在調心的同時，調身工夫也持續進行。其實，在調身的階段，調心工夫也已經開始，只是在學習的程序上，我們還是要從調身工夫入手。

身體五根

佛教將人的身體稱為「根身」，分為五個根門：眼根、耳根、鼻根、舌根、身根，合稱為「五根」。

「眼根」的作用是視覺，讓人能看到事物；「耳根」的作用是聽覺，讓人能聽到聲音；「鼻根」的作用是嗅覺，讓人能聞到味道；「舌根」的作用是味覺，讓人能嘗到味道；「身根」的作用是觸覺，讓整個身體被皮膚覆蓋，只要一觸碰皮膚，就能產生感受。

整個根身，從外層的肢體到內在的臟器，都各有不同的功能與作用。在內臟部分，我們現階段還無法直接調整，所以調身會先從能知覺的外層調整起。

五根是如何運作的呢？以眼根為例。眼根接觸外在的形形色色，包括各種顏色、形體等，這些統稱為「色塵」。眼根觸到色塵產生眼識後，即進入心理的功能，此時眼根會和意根連貫起來產生意識作用。當外在的眼根，與內在的意根兩者連結，此後的運作，即是生理與心理功能不斷往返循環的過程，耳、鼻、舌、身根亦然。

每個人的五根作用，利鈍與否，各不相同。有的人可能很敏銳，比如有些人的耳朵能聽到一般人聽不到的聲音；而有的人可能很遲鈍，像是某個根曾經受傷或退化；也有很多人的眼睛需要借助眼鏡，才能看清楚。這是因為人的根身屬於色法，即物質的功能。凡是物質的運作，包括身體在內，都會產生很多的運動，難免或多或少造成傷害，導致身體無法經常保持在一個很安定放鬆、健康平衡的狀態。調身就是要將身體調整到比較安定、放鬆的狀態，在五根與意根連結時，才不會產生太多的障礙。

人的生理一旦有了損傷，會直接反應在身體。很多人打坐時，全身會出現各種痠痛、麻痺的觸覺。一坐下來可能就發現自己的手、腳、腰、肩膀等身體部位，出現一些不舒服的觸覺，這時便知道原來自己的身體，並非那麼健康、平衡，而難以放鬆、安定。當身根呈現這種狀態，就會影響到心理，所以必須調身。

禪坐安身

打坐，是調和身根的一個方法，可以幫助放鬆身體，讓身體安定下來，並保持在一種平衡的狀態。但是，身體如果曾受損，常常會在打坐時變成障礙，而無法好好地盤腿或挺腰，甚至全身只要一坐就緊繃，不能放鬆。

一開始學打坐，心很容易被這些常見的問題所干擾，假如放著不處理，障礙會一直持續下去，所以必須先適當地調身，讓身體放鬆、平衡，心才能保持安定。由此可見，調身的過程，對於調心能發揮一定的作用，所以禪修必須學習調身的工夫。

靜態禪坐保持放鬆和醒覺

觀察我們的日常生活，會發現人的生理運作，大都處在動態中。因為人的五根會不斷接觸外在的五塵，而產生各式各樣的回應，這是一種生理的慣性，也是維持生活正常運作的必然結果，而這些生理的動態會影響人的心理。換句話說，每個人都是處在生理與心理不斷交互影響的循環中。

我們禪修是為了往更深層的心做調和，如果身心仍持續過往不斷交互影響的動態慣性，就很難內觀更深層的心，所以必須讓身心靜下來。要讓身心靜下來的第一步，即是透過調身，讓身體處在放鬆、平衡的狀態。

由於我們的身體已習慣處在動態，要安定下來並不容易，需要方法來協助，以及一個讓身體保持靜態的姿勢。從佛陀到歷代禪師，甚至是佛陀的老師們所教導的方法，都是靜態的禪坐。當然，除了坐姿，身體還可以透過其他的姿勢進行調整，但在禪修時，要用靜態的方式讓身體安定下來，還是以坐姿為主。

靜態禪坐的目的是讓身心安定，既能保持放鬆，又能保持醒覺。所謂醒覺，是指心既不會陷入昏昧，又不會因過度的醒覺，而出現過動的現象，如此身心才能安定下來，並保持既放鬆又醒覺的平衡狀態，處在這樣一個平衡狀態，才能進入更深層的修行。

做好基本的調身工夫

靜態的禪坐，也稱打坐，簡單說明要領：

1.下盤要穩，結跏趺坐

打坐時，下盤一定要穩。這需要借助雙腿，形成一個三角形的下盤，所以必須盤腿。兩腳交疊盤坐的姿勢，稱為跏趺坐，下盤會形成一個等邊三角形，這是最平衡、最理想的盤腿方式；如果無法將腿盤成等邊三角形也沒有關係，但盤成基本的三角形，則是必須做到的。

盤腿後，下盤三角中臀部這一角，連結了一根支柱，即上半身。這一角需借助工具，稍微墊高些，以幫助我們更好地支撐起上半身。

2.腰背要挺，挺腰含胸

脊椎是上半身最主要的部位，從腰到背都要挺起，才能讓脊椎處在最適當的位置上。挺起腰背的同時，身體應該是放鬆的，不要用力。很多人因常常彎腰駝背或過度挺胸，導致身體某些部位比較緊繃，現在要將它們放鬆，就要借助脊椎，先把整個身體挺起來。

挺起身體時，會感覺脊椎被吊起，這表示脊椎已處在最適當的位置。有些人平時沒有好好挺起身體的習慣，所以需要稍用一點力，才能把腰挺起。雖然身體感覺有出力，但這時的腰部肌肉，其實是放鬆的。

3.雙肩平垂

脊椎頂端連接的是肩膀，肩膀再連接手。腰背挺起後，接著將雙肩平垂，自然地放鬆。大部分人此時會感覺雙手是被肩膀垂吊著，是往下吊，而不是提起來的，這表示雙手沒有出力，處在很放鬆的狀態，有的人甚至會感覺雙手不存在了。

4.兩掌交疊結法界定印

放鬆的雙手必須放在適當的位置，以保持身體的平衡。所以，需要結法界定印，把手掌放在身體中央，兩掌朝上四指交疊。接著，兩個大拇指輕輕地觸碰，兩掌形成一個圓形，再把手放在腿上。

5.頸椎提起，下巴內縮

腰椎之上，就是頸椎。頸椎最不容易調，因為它上端支撐了一顆很大的頭顱，而必須把頭顱放在適當的位置上。

首先，放鬆地、輕輕地提起頸椎；接著，下巴輕輕地往內縮，稍微朝喉部靠攏。靠攏時注意，頸椎不要移動。只要藉著下巴內縮這樣一個小小的動作，就會感到頸椎支撐著頭部時，是放鬆的。

6. 眼睛下垂

調好頸椎後，接著往上調整整個頭部。首先，眼睛輕輕地垂下來，有人可能習慣睜著眼睛打坐，建議還是把眼睛垂下來，會比較好調整；雖然有的人眼睛垂下來後，漸漸地就睡著了，那也無妨，就好好睡一覺，讓自己好好放鬆，得到充分休息，再來用功。

7. 舌抵上顎

我們一般都是把舌頭放在下顎，也就是下排牙齒的後方，這樣舌頭得伸得比較長，以致於有些人會感到舌頭有些壓力。再者，每個人的舌頭，長短、厚薄各不同，若是舌頭比較肥厚，就容易壓到下排牙齒，舌頭伸出來時，就會看到上頭的齒痕，可見緊貼下顎的舌頭，比較有壓力。所以，要把舌頭輕輕往上提，放在上排門牙的後方，即是上顎，這樣舌頭在口腔內會有比較大的空間，感覺很放鬆，同時能增加口水分泌，可滋潤喉嚨及口腔。

最後，臉部放鬆。保持微笑的面容，臉部肌肉就能自然放鬆。

只要能把這幾個步驟做好，身體就會保持在既放鬆又醒覺的平衡狀態。但是，多數人打坐稍微坐一下還行，坐久了便很難持續，身體陸陸續續會產生很多不舒適的問題，這就表示身體不夠放鬆，也不夠平衡，需要調整心態，讓身體繼續保持靜態禪坐的姿勢，看能持續多久。一開始，可能只能保持靜態十或二十分鐘，慢慢地練習就可以坐到半個小時，如此再練習下去，禪坐時間就能拉長到一個小時，甚至兩個小時，能坐得愈久，就表示身體愈放鬆、愈醒覺，也愈平衡，這樣將能進入更深的調心工夫。

靜態禪坐，不論你的禪修資歷深淺，每次上坐，都請先省察身體各個部位有沒有調整好，省察自己的姿勢有沒有放鬆，這就是基本的調身工夫。

調身的重要性，在於唯有將身體放鬆，調心的方法才比較能夠用得上。調身並非要將身體調到完全安定放鬆，而是指學習的次第，必須要先調和身體。其實，在調身的同時，也已經開始在調心了。所以，當我們依著方法調和身體，就要利用身根的觸覺，也就是身識，這是一種心理功能，以此來覺察身根的感受，把心專注覺照的作用，放在身根上。

身根敏銳或長期用功的人，心的調和工夫比較用得上，他們在調身時，較容易把心從外在收攝回來，安放在身根的觸覺上。

閉眼隔絕對外攀緣

禪坐方法關於眼根的部分，不同的老師或許會有不同的教法，在此則建議初學者最好能將眼睛輕輕地閉起來。

在五根對外的攀緣作用中，眼根所占的比例最高，範圍也最廣。我們只要一張開眼睛，引發眼識作用的事物實在太多了，而眼根所見的色塵外緣，其實對我們的心，尤其是內在的意識作用，會造成干擾。我們只要把眼睛放鬆地閉起來，就能立刻隔絕大部分的外緣，停止眼根對外的攀緣作用，這對於往內攝心有很大的幫助。

至於張開眼睛的方法，假如方法用得正確，基本上也沒有問題。其實在中國佛教早期，祖師們即有面壁的禪坐法。所謂面壁，即面對著一堵牆，雙眼直視它。因為牆壁是單一物體，眼睛只看一堵牆，等於也隔絕了其他外緣。比如達摩祖師就是在山洞裡面壁，山洞光線一定比較昏暗，洞壁也可能只是很單一的暗灰色，在這個沒有其他干擾的環境裡，他就面對著一堵牆，輕輕地張開眼睛打坐。

這裡強調是「輕輕地」，因為有些人在用這個方法時，以為是要瞪大眼睛，卻不知眼睛一瞪大，身體就會繃緊。所以，張眼打坐時，也要非常地放鬆，這樣眼根才能「直觀」牆壁。所謂直觀，是指眼根雖觸及牆壁這個色塵，但不會對眼識產生任何干擾，因為此時的內心非常直覺，雖然睜著眼睛看牆壁，但不會感覺到被外境干擾，所以不會對內心產生影響。假如眼根在張開時能呈現這樣的狀態，那麼張眼打坐就沒問題。

但有些人張眼面壁打坐時，因為太用力了，眼睛的某些部位受壓迫而繃緊，導致看到牆壁裡出現幻影變化或奇異色彩，還以為自己證到什麼境界，並對此產生執著，而不斷地追逐，希望能看到更多的影像與色彩，以表示自己工夫很好。如果出現這樣的情形，還是把眼睛輕輕地閉起為宜。

張眼打坐的方法，除了面壁直視，還可以把視線收回。第一個步驟是把頭擺正，不要低下頭；第二個步驟是下巴內收；第三個步驟是把視線往下收，這時眼皮會微微地闔起，但不會整個眼睛閉起來。

當視線收回時，大部分是看到面前的地板。有些人因為沒有掌握好方法，眼根比較緊張，以致看久了就看到面前地板出現變化。例如，他們看到有花紋的地板時，會看到花紋一直在變形，其實這些都是幻覺，都是眼根的問題，假如有類似情形，就把眼睛輕輕地閉起來。

因此，張眼打坐不是不可以，但要了解它的運作方法。至於張眼應該幾分開幾分闔呢？這點就要很注意，因為眼睛若是半開半闔，反而會讓眼皮很緊張，所以只要自然地把視線收回即可。此外，還有人分得更細，比如要兩分開、八分闔，問題是該如何衡量這個兩分和八分呢？如果用功時一直記掛這個問題，反而會很緊張。

面壁和收回視線雖然都是張開眼睛，但方法的重點不在於眼皮應該幾分開闔。強調眼睛應該幾分開闔的方法，或許有其運作原理，但我們並不鼓勵這樣的方式。

此外，人只要張開眼睛，就需要經常眨眼，這是正常現象。假如要一直保持張眼打坐，眨眼也會成為一個問題。與其要克服這些問題，打坐時把眼睛輕輕地閉起來，還是比較好的。

一般來說，能用功到把眼睛張開，並且很放鬆地直觀牆壁，都是用功了一段時間，身體很放鬆了，才能坐得比較好。所以在目前課程中，我們還是把方法著重在隔絕眼根的外緣，以減少外緣對我們的影響與干擾。先把視線往下收，再輕輕地將眼睛閉起來，這對大多數的初學者來說，還是比較理想的方式。

放開耳根不罣礙

眼睛只要閉上，就能隔絕外緣，而無法直接封閉的，則是耳根。

耳根在正常狀態下會接觸到聲音，所以調身要先隔絕會讓心受到影響或感到煩躁的聲音。譬如在天台止觀的法門中，就提醒我們要「閒居靜處」，意指居住的地方要很安靜、放鬆。在尋找方便禪眾用功的道場時，我們大都是找能隔離外界的地方。像我們所在的這個禪堂，就是很理想的處所，它位在鄉下，儘管外頭偶爾會有機器的噪音，但整體來說，還是很安靜的。在這樣的地方用功，耳根上就隔絕了很多干擾人的聲音。

由於耳根無法直接封閉，有些人搭飛機時，擔心不好入睡，所以就塞耳塞隔絕聲音。對禪修者來說，這是個不太理想的習慣。試想禪坐時，假如有聲音干擾到我們就塞起耳塞，反倒會更加罣礙外在的聲音。我們應該把耳根放開，聽到外面的聲音來了，只要知道、聽到了就好，況且我們是在比較安靜的地方用功，這就減少了很多雜音。

其實，再安靜的禪堂也多少會有一些聲響，甚至是噪音。因為每位禪眾的狀況都不同，發出一些聲音是很正常的，即使你因此覺得受干擾，也請你接受它，然後把它放下。除此之外，禪期中的每日作息，大家進進出出時，也一定會發出聲音，我們對此要安忍、接受，這也是調身需要注意的地方。我們盡量選在比較安靜、隔絕外界的地方禪坐，而一旦選定了地方就要接受，讓周圍環境發出的聲音不對自己產生影響。

要完全不受外境影響或許不易，特別是耳根敏銳的人。有些聲音很快就消失，耳根接觸這樣的聲音後，知道了，就放下它，然後回到方法；還有些聲音會延續得比較久，耳根接觸這樣的聲音後，知道了，可以去聽它，聽到感覺不到它的干擾後，就放下它，再回到方法。

其實，耳根做為身根的作用之一，原本即是可以用來修行的道器，但我們現在還無法利用耳根來修行，尤其初學者仍處在調身階段，只要先把外緣對耳根的影響做適當處理即可。

至於鼻根與舌根，因功能所涉的範圍很小，在此便不特別處理。

放鬆身根才能久坐

身根即觸覺，不但遍及全身，而且無法與外境隔絕，由於它的功能範圍很廣，所以調身的整個過程，就是在感受身根的觸覺。

身根的感受有很多種型態，舉例來說，當我們坐著時，不論採用何種姿勢，一旦坐久，身體就會產生不舒服的觸覺。我們的日常坐姿，因而很難長時間保持同一個姿勢，只要稍感不適，就會調動身體。

打坐時的身根，必須長時間保持同一個姿勢，而靜態禪坐從身根的整體結構來說，可說是最完美、最平衡的放鬆姿勢，所以能坐上很長的時間。佛陀以及歷代禪師們之所以一坐就能坐好幾個小時，甚至晚上不用躺著睡覺，而是以打坐的方式休息，這是因為他們的坐姿，能將身根結構的完美性徹底發揮，讓他們的身體很放鬆。

大部分的人都無法長時間打坐，這是因為身體結構已經不完美了。每個人的成長過程，身體多少都難免有損傷，甚至是動手術治病，這些都會破壞身體結構的完美度。我們平時或許還可以忽略身體的問題，但打坐時，當身體安置在一個最放鬆的狀態下，這些問題就會暴露出來。

舉例來說，如果你平常走路，不覺得腿有什麼問題，但只要一盤腿，腿的某些部位就很痛，這就表示結構有問題了。除了腿痛，還有腰痠背痛、頸部不適，以及身體各部位的麻痺、痠痛等不舒服的觸覺，這些都是多數人打坐遇到的問題。

另外，體內器官如果發生問題，則會影響到身體內部能量的運行。打坐時，因身體是放鬆的，內部能量會自然運行，但是如果某些部位阻塞了，讓氣無法疏通、流動，就會產生氣動的問題。

對初學者來說，很多人的身體筋骨原本就沒有調和好，也不放鬆，所以很容易遇到這些問題，卻又不知如何面對，連要擺好禪坐的姿勢都不容易，更遑論久坐了。禪坐時，如果身體的問題顯現了，那就面對它，不要逃避。逃避身體不適的問題，這些受傷、阻塞的部位問題，就會一直留在原處，無法抒放；如果能安忍、接受它，即使無法立刻解決問題，也一定能獲得舒緩。

有的初學者可能坐不到半小時，腿就痛了，如果因抗拒、逃避不舒服的觸覺，而不斷地變換姿勢，沒幾分鐘就要動一下，如此身體就無法安定下來，很難持續調心的工夫。如果能以柔軟的心來安忍、接受它，並繼續保持禪坐的姿勢，儘管一開始比較辛苦，但只要能調整心態，不斷回到方法上，心就不會感到煩躁，就能以正確的態度接受當下的所有狀況。

你會慢慢地發現同樣的姿勢，以往只坐個十幾分鐘，問題就會浮現，但由於持續地調心，經常回到方法，身體漸漸地能調得比較柔軟，能好好地坐上半個或一個小時，甚至更久。隨著禪坐的時間愈加長久，調心的工夫也能愈加深入。

面對和接受身根的各種狀態，是調身工夫很重要的一環，一方面是因為我們無法逃避身根的觸覺，另一方面是因為調和身心的方法，即是以身根的觸覺為主，所以必須知道如何處理它。

平時身體只要稍有不適，我們都會盡量避開，打坐時則不能逃避。而且，也唯有打坐，因必須長期保持固定的姿勢，才得以更清楚地感受到身體的緊繃、不放鬆，以及各種負面的狀態。如果能藉著調身工夫，把姿勢調好，身體就會自然地安定、放鬆，這對調心工夫的持續深入，將有很大的助益。

日常生活中調身

調和身根，除了靜態的禪坐，在動態中也可以適當地做調和。譬如禪七期間，我們會做瑜伽運動，日常生活中，很多人也會在家裡練習各種舒展或拉筋的動作，藉此放鬆身體。

印度瑜伽士在打坐前，都會做瑜伽運動。對瑜伽士來說，他們的修行也是以打坐為主，做瑜珈則是為了抒放身心，讓身體柔軟、筋骨放鬆，可以更好地打坐。由於印度修行人不吃晚餐，瑜伽運動後，很多人就整晚地長時打坐。有些瑜伽士甚至從下午就開始打坐，一直坐到隔天。

佛教傳入中國後，中國雖沒有瑜伽，但有武術，這也是調身的一種方法。說到武術，一般人會聯想到打鬥或表演，佛教禪修所學習的武術技巧，則是為了調柔身體。

其實，很多運動都能調身，比如簡單的步行或拉筋放鬆，都很適宜。動態調身的運動，是以放鬆、保健身體為主，目的是使禪坐時的障礙與干擾減到最低，所以運動時，要盡量地放鬆。如果是以競爭為目的而運動，則必須頻繁出力，這樣很容易導致身體緊繃，這就和為了放鬆而運動的目的，背道而馳了。

我們除了靜態、動態調身，飲食方面也要調整，比如少吃對身體產生負擔的食物。另外，平日對身體和周遭環境，都要保持醒覺。因為很多的身體損傷，常常是因為不小心而導致意外發生，造成諸如骨折等的嚴重傷害，所以平常就要保持醒覺，這其實也是一種修行。

覺照是心的一種重要功能。如果日常動態裡，我們對所處環境及身根的每個動作，都能保持敏銳和清明，就能減少很多不必要的傷害。此即日常生活中的調心工夫，能保持身體的平衡狀態，這樣在禪坐時，調身工夫就能做得好。

身體調得好，除了外在的身根會放鬆，減少不舒服的觸覺，也會影響身體內部能量的運行，假如內部氣體循環順暢，身體就能保持健康、平衡。有些人從外表看，雖非特別健康、強壯，但因身根內部的調和，身體會比較柔軟，這對於調和身心有很大幫助。

掌握以身觸為主的方法

我們現在所談多著重在外在的調身，因為從調身到調心的過程，借助的都是身根的觸覺。除身根外，另有以眼根、耳根為主的方法，但本次課程是以身根緣境產生的觸覺來用功，呼吸法或掃描全身的方法皆然。

既是以身根的觸覺來用功，所以身根愈是放鬆，方法就愈能用得上。要放鬆身根，除了禪坐時調身，日常生活也要醒覺身體的狀態，保持身根的平衡健康，對修行方能有所裨益。

眼、耳、身三根，因其所緣的範圍較廣，較需要做適度地調和。在禪修法門中，有以眼根緣色塵做為所緣境，也有以耳根緣聲塵做為所緣境，但目前我們暫不用這些方法，而是以身根緣觸塵做為所緣境，以此調和身心。

多數人的身體都無法達到非常放鬆、平衡的理想狀態，這在打坐時就會顯露出問題來，比如某些部位會產生不舒服的觸覺，因而引發心理的負面覺受，不但會障礙調身，也影響調心工夫。

回到身根來用功

儘管如此，我們還是以身根為主要方法，因為身根的重要性，在於觸覺是遍全身的。相較於眼根、耳根，可以透過適當地隔離，減少對外境的攀附，但身根無法隔離，而是直接地觸覺，所以身體無論處在什麼狀態，都可以直接從身根的觸覺去感受到它。了解這一點後，在用方法時，就要正確地回到身根來用功。

清楚每一根的功能與作用，才能正確地用方法，否則容易失去方法的重心所在，日後即使學了再多方法，都很難用得上、用得好。特別提醒這一點，是因為很多人練習方法時，誤以為方法是從外在所附加的，或會用內在的意識想像自己正在用方法。這樣就無法正確地用好方法。因此，提醒大家現在所用的方法，是回到身根的觸覺，這是用功很重要的所緣境。

我們主要介紹的都是依身根的觸覺為方法，大家要把握好方法所依的器官和作用，以免落入意識的慣性，變成是以意識的各種想像在用功。

以身觸為主的具體方法，簡單來說，包括：

1. **默照法**

能夠直覺地覺照全身，此時身體呈現很放鬆的狀態。

2. **掃描法**

如果還不能掌握覺照全身的方法，可以掃描的方式，從頭頂到腳底，從一開始的局部，逐漸向下擴展為全身整體的覺照。

3. **呼吸法**

如果掃描法只能覺照身體局部，無法連貫成片，可以呼吸的方法，把心收攝在鼻腔前端的呼吸氣流進出。為了加強覺照，可先用數息法，為呼吸加上數目字，數得很好了之後，再把數目字放下，改用隨息法。

默照禪將方法具體化

談到身根的觸覺，很多人會立刻聯想到默照禪法。事實上，長期以來，默照禪法並沒有具體的文字用於指導後人實際運作的方法，流傳下來且較為人所知的方法，是日本曹洞宗的「只管打坐」。只是這個方法，不同的老師或有不同的解釋，學生們可能也有各自的認知與用法。現今漢傳系統的默照禪法，則是指聖嚴師父所教導的方法。

聖嚴師父所教導的默照禪法，是彙整了修行默照禪法的祖師們的文獻資料，加上師父親身嘗試方法後，再以具體的方法表達來指導大眾。師父之所以將默照禪法具體化，是因為這個方法要說簡單，的確非常簡單，但愈簡單的方法愈難把握具體的方式，而很難把方法用好。因為默和照本是一體運作，稱為「默照同時」，但多數人用方法常分不清楚兩者。至於傳統日本曹洞宗的「只管打坐」，則是從「默」下手，但是這個方法不易操作，在默時很容易失去照，因而掉入無記。所以，師父除了採用具體的方式，並改由「照」下手。

師父的默照禪法，即是要覺照整個身根的觸覺。身根的作用是觸覺，而且是遍全身的。比較敏感的人，可能很容易覺察到自己全身的感受，但多數人則只在某些時刻，對某些部位的觸覺較敏感，因而能覺察到它們，至於其他部位就可能忽略了。再者，心如果不夠放鬆，將影響到覺照力的敏銳性，很多人用方法時，就是因為心既不放鬆，也不敏銳，而無法完整地覺照全身。

有的人學習聖嚴師父的默照禪法，以為只要覺照整個身根的觸覺來運作即可，然而，實際用方法時，才發現覺受到的似乎只是一種感覺，這個感覺並非身根真正的觸覺，而是意識裡的想像。

意識是心的功能之一，屬於心比較內層的作用，卻是最活躍的作用，正因其活躍，所以我們常會運用到，甚至以為意識就是心。有的人打坐時，會坐在那裡一直想像著：「我現在觸覺到什麼部位、我的感受是如何如何、我已經覺照到全身了……。」這些都是意識裡的活動，而非用身根的觸覺去覺照全身。

真正身根的觸覺，是直接直覺到的。比如我們輕輕地合掌時，此時雙手互相碰觸的作用，即是觸覺。如果將手放開，雙手的觸覺還在嗎？其實是在的；只是若不夠敏銳，就可能無法覺察到，這時若是用意識去想像自己觸覺到了什麼，而非以身根直接去觸覺，那麼這個方法不論運作多少次，都不會發揮作用。

運作聖嚴師父的默照禪法，可先以七支坐法，調整全身每一部位的姿勢入手，從下盤調起，漸次往上。盤好腿，放鬆；往上到身體的前半部，挺腰含胸，腹胸放鬆；再到背，挺起背脊，放鬆；接著觸覺肩膀、放鬆；雙手放好，結印；再到喉部、頸部，頸椎放鬆；向上到臉部，放鬆臉部肌肉，自然微笑。

其實，整個身體的觸覺一直都在那裡，藉由七支坐法的調身步驟，更能直接觸覺到每個部位。如果方法用得好，身心會很放鬆，最後身根的作用，將與心成為一個整體。身與心藉由身根觸覺全身的方法，即能達到身心統一。

這是很具體的方法，但如未把握好方法所依的根和所緣的境，很容易變成用意識在想像全身的觸覺，這樣方法用再久，都無法發揮作用，身心也無法統一，所以要特別注意。如果發現自己不是直接用身根觸覺身體，而是用意識想像，請把意識作用放下，回到身根的觸覺來用功。

掃描法為淺化的方法

對多數人而言，要依傳統的默照禪法，以最簡單的方式，一坐下就能覺照到全身的觸覺，達到全身統一、身心統一，實在很不容易。這是因為我們的身心不夠放鬆，也不夠敏銳，所以聖嚴師父把方法淺化，設計出稍微複雜些的一套程序，也就是掃描法：從頭頂開始，以類似掃描的方式，由上到下掃遍全身，直至腿部，再觸覺整個身體。

修學者使用掃描法時，較常出現兩種問題：

1. 每個部位觸覺自成一塊，無法成片

能觸覺到身體的各個部位，像是覺照頭部時，眼睛、鼻子知道放鬆；接著放鬆頸部，但原先頭部放鬆的部位，就失去觸覺；然後往下到身體，此時身體之上的部位，也失去觸覺，最後觸覺到腳時，上半身則全無觸覺。類似這樣的情形，就是只能一段一段、一個部位一個部位掃描，但在整個用心觸覺的過程中，觸覺的作用在掃到某個部位後就中斷了，以致於整個身根的觸覺被分割成塊，無法全身連成一片

地觸覺，這是許多禪眾都曾遭遇的問題。

那要如何正確地掃描全身呢？舉個簡單的例子，這就像洗冷水澡時，全身每個部位都是冷的。淋浴時，你站在花灑下開冷水，當冷水噴出後，會先碰到頭部，你的頭馬上就觸覺到了；接著冷水順著身根滑落，把你的全身淋濕，這時你全身都知道冷水的觸覺是什麼了。這個比喻是借用外在冷水對身根產生的觸覺，讓大家更容易理解全身掃描即是以類似的方式運作，必須能觸覺到整個身體，而非只把注意力放在某個部位上，其他部位則失去觸覺。

2.用意識想像，非真正觸覺

很多人剛開始用方法，很容易用意識去想像自己的感覺，眼睛放鬆了、鼻子放鬆了……，至於是否真的直接觸覺到了，其實是不知道的。如果不是直接用身根去觸覺，而是以意識的作用去想像，這樣其實並沒有正確地用上方法。

因此，運作方法一定要把握好所依的根與所緣的境，這點至為關鍵。現在練習的方法，用的是身根的觸覺，而非意識的想像，如果錯用了所緣的境與能緣的心，方法用再久也用不好。

然而，很多人即使錯用了方法，卻仍用意識想像自己全身都很放鬆、敏銳，方法用得很好，甚至以為自己一學就會，是利根修行者。事實上，利根者的身體確實很放鬆，也很敏銳，可以馬上直覺到整個身根，因而達到身心統一，但是方法一學就會的人實在非常稀少，絕大部分的人都需要好好地練習一段時間才行。假如錯用了方法，沒有以身根的觸覺來練習，想要方法得力，無異緣木求魚。

大家用方法時，務必要以身根的觸覺正確地練習。檢視自己是否一不注意，又用意識在想像呢？或是方才觸覺到的部位，過後就失去觸覺呢？如有這些情形，請立刻做調整。

意識是心最活躍的功能，以致於很多人誤以為意識就是心。要釐清這點，就要回到佛法的理論來說明。佛法對心的分析，不同的部派有不同的方法，大部分是將心分為眼識、耳識、鼻識、舌識、身識、意識，共為六識；唯識學則加上了第七識末那與第八識阿賴耶，稱為八識心王。

這些分析的方法雖有不同，但相同的是都闡釋了禪法的修行，講的是一個心內含不同的功能。譬如六識，指心的六種功能，每一個功能都屬於心的一部分，此即禪宗所強調的「一心」。

「一心」是禪法特重的觀念，意指心是統攝的一個整體，但有不同的作用。用方法時，就是借用某一根，再將心整體的專注力放在這一根上。如果方法用得好，心可以完全放在所依的根上，身心就能統一。

我們依身根練習方法，就是要把整個心盡量專注在身根上，此時其他五根並非沒有作用，比如意識還是有作用的，但它僅是心的一部分功能。然而，由於意識的功能非常活躍，很容易在用方法時，誤用意識來想像身根的觸覺，如此一來，本該是要依身根來收攝、統一我們的心，卻變成用意識在想像，很多人沒有把握好方法運作的要點，用功許久都還停留在把意識當作心在運作。

用方法時，方法在哪裡，心就放在那裡，依哪一根用功，就把心整體的功能放在那一根上。比如依耳根聽聞聲音為方法，就把心放在耳根上，無論聲音來或聲音去都清清楚楚，用功到能夠直覺聲音的來去，最後就能達到統一境。

有的人雖用耳根的方法，卻是在意識裡想像很多聲音，並用意識分析、分別各種不同的聲音。像是修觀音耳根圓通法門，有人說自己可以聽到幾百種細微的聲音，但這些多是用意識分析出來的，而非耳根直接聽聞到的。耳根觸到聲塵而有聲識，聲識只會了知聲塵，不會做分別，分別是意識的作用。同理，身根的觸覺，身識只是產生覺知，而不會做分別。

那麼，為什麼很多人受身根的觸覺影響，而用不好方法呢？因為觸覺被意識分別了。比方說痛，就身根而言，這是一種觸覺，也是一種痛覺，但是很多人把「痛」等同為「苦」，這就是加入個人意識分別與情緒的結果，導致用功受干擾；如果只是單純地知道痛覺，不連接意識做分別，也就是不因過往的經驗而把痛認為是很苦的事，這樣就不會干擾用功了。

用方法，就是用身根的觸覺，此時的心，是放在身根的觸覺上，而非以意識去想像、分別。要把握好這點，才不會好像是在用功，實際上是在想像、分別。這要經常練習，漸漸地你會發現，原來心可以這樣地運作，如此就表示你和方法相應了，這時你用功會比較放鬆，也能更敏銳地觸覺，工夫就會愈來愈得力。

依身根用功的方法說來簡單，實際運作時，卻不簡單。因為平時累積的身心種種作用、慣性，把它變複雜了，障礙也變多了，所以用功時，無法把自己簡化到只是用方法，還會加上平時的慣性、習氣，結果把簡單的方法複雜化，方法就很難用得好。

整個禪修用功的關鍵所在，其實就是身心有無放鬆。身心如果是放鬆的，就不需要用力，也無須加入任何東西，這種狀態就是回歸到身心的本然性。身心如果能做到完全、徹底地放鬆，基本上，所有問題就都處理好了，這時，吃飯就是只管吃飯，打坐就是只管打坐，做任何事，整個身心都在那件事上。如此一來，身心會非常敏銳，並且很放鬆地安住在當下，此即工夫成就者所呈現的一種禪境。

為什麼有的人一用方法就能用上呢？因為他們的身心很簡單，簡單到一聽到道理就能明白。像舍利弗一聽到佛陀的理論，馬上就能相應，而且用上方法，因而很快地開悟了。絕大多數人的身心並非處在這樣的狀態，所以需要練習方法，讓自己更放鬆。練習時，如果發現自己的身心實在不夠放鬆，也不夠簡單，即使是用聖嚴師父已經淺化且稍加複雜化的掃描法，還是會加入很多意識，如此，可以用一個更淺化、更具體，但稍加複雜些的方法——呼吸法。

呼吸法是禪修基礎

呼吸法所依的仍是身根的觸覺，而非鼻根。鼻根的作用是嗅覺，用以分別香臭。譬如我們在禪堂內點香，有同學一進來聞到香味就感到很舒服，這是鼻根的作用。至於呼吸，雖是通過鼻腔進出，但產生的並非鼻根辨別香臭的作用，而是身根的觸覺。

鼻子也是身根的一部分，呼吸時氣流會通過鼻腔進出而產生觸覺。所以，呼吸法就是當我們無法連成一片地覺照全身時，即可先將覺照的作用，改放在一個比較小的範圍內，也就是鼻腔最前端的部位。當呼吸的氣流流動產生觸覺，就把全部的專注力與覺照力，放在這個觸覺上，感受、覺知呼吸的進出，至於其他的部位都暫時放下。

有的人開始練習方法，發現自己連呼吸都不容易觸覺到，就緊張起來，甚至故意用一點力把呼吸弄粗，結果身根馬上繃緊。如果用呼吸法會感到胸悶或頭部很緊，就是因為呼吸弄粗了，所以只要正常、自然地呼吸即可。

用功的程序，先調身，再調呼吸。在調身階段，呼吸就是自然且放鬆的，漸漸地當你能夠直接觸覺到呼吸在鼻腔前端的進出，此時就把注意力放在那，借用呼吸進出產生的觸覺，讓心專注與覺照的作用逐漸凝聚，這樣方法就用上去了。

很多人使用呼吸法之初，並不容易直接觸覺到呼吸。假如找不到自己的呼吸，那麼就不要找了，請先好好放鬆身根，慢慢地身根某些部位的觸覺就會變得比較明顯，你可能會觸覺到腹部或胸部有微微的起伏，這就是呼吸產生的作用。觸覺到了之後，不要把注意力放在這裡，而是提到鼻子，直接從鼻腔前端觸覺呼吸的進出。

使用呼吸法時，如果覺照力不夠，對呼吸進出的觸覺，可能只能專注一段時間，之後就被妄念或其他更強烈的觸覺拉走，如有這樣的情形，要再拉回到鼻端的觸覺上。

初學者假使專注力不夠安住，覺照力也不夠敏銳的話，可能無法清楚知道自己用功時，心究竟有沒有放在鼻端上，那麼可以為呼吸加上數目字。方法是先觸覺到呼吸的進出，因呼氣時身體比較放鬆，所以把數字放在呼出的氣上，注意不要在呼吸轉折處數，以免控制呼吸。每一個呼出的氣，都加上一個數目字，從一、二、三……，一直數到十，數到十的時候，提起一個警覺，再從一開始數起。因為每一次呼吸，都加上了一個數目字，這個數目字便能提起覺照心，知道自己正專注在呼吸上。

很多人數數時，數個兩、三輪，數目字就跑掉了，那就表示專注力已經散失，覺照力也不敏銳了，但因為加上了數目字，所以能較快覺察到此情形，一旦覺察，就要把先前的狀態放下，重新回到呼吸上，從頭開始數起。

這樣的練習能幫助我們把注意力凝聚、專注在呼吸上，並且因加上了數目字，能提醒我們提起覺照力。如此練習到工夫得力時，覺照力會變得很敏銳，整個身心也調得更細了，這時自然會覺得加上數目字的方法有點粗，這時可將數目字放下，把全部的專注力和覺照力，安放在呼吸上，隨息即可。

要注意的是，數呼吸時，很多人為了覺察呼吸，而呼吸得稍微用力些，導致身體愈來愈緊繃。方法要用好，放鬆很關鍵，請先放鬆地覺察到呼吸，再去數它，如此方能確保心的專注性與覺照性能持續地保持。

呼吸法雖是很基礎的工夫，卻很重要。從數息到隨息，練習的過程中，假如能很紮實、正確地用方法，整個人的身心狀態一定會愈來愈穩定，方法也會用得愈來愈好。可是很多人基礎的方法都還用不好，就想要用默照、話頭、觀想等更深的工夫，結果全變成用意識在想像，這樣方法用再久也不會進步。所以，請先做好基礎工夫，把心凝聚在一個很安定、敏銳的狀態後，再用其他的方法，這些方法才能發揮它們的功能。

真正懂得用方法

有些人會疑惑，平時用了很多種方法，也用得還不錯，為什麼工夫卻都是零零散散，無法凝聚成片呢？這時可以用呼吸法自我檢測。回到你的呼吸後，是否找得到呼吸呢？找到呼吸後，能否數它呢？如果這些工夫都用不上，表示你之前用過的所有方法並不紮實，都是飄飄浮浮地。請先把其他的方法放下，乖乖地回到呼吸的方法。

等到你真正能夠覺察呼吸，並且整支香下來，每個呼吸都數得了了分明，就能把數目字放下，改為隨呼吸。此時的呼吸雖然很緩慢，但是每一個呼吸都很清楚。當專注、覺照的功能愈來愈細，達到一定程度後，就可以放下呼吸。此時的心，不需要放在身體任何一個地方，便能自然凝聚，這就是「止」。

所謂的「用方法」，一定要很清楚方法是依生理或心理的何種功能在運作，以及運作的具體步驟，並了解「用上方法」是何種狀態。唯有把握好這些，方能正確地用功。從基礎工夫做起，待工夫用到紮實穩固後，再調整到更深入的工夫，這才是長遠用功的方式；否則的話，基礎工夫都沒做好，就要轉入更深的工夫，這樣方法即使用再久，也無法進步，只能停滯不前。大家用功時要經常回觀反照，看清自己的狀態並做調整。

一再提醒大家要把基礎工夫練紮實，是因為如果基礎工夫用得不好，禪修就不容易進步了。有很多人認為基礎工夫很淺，只有初學者需要，而自己用功多年，工夫已用得很好，並不需要這麼容易的方法，因而忽略其重要性。

正常來說，如果學過的方法都用得很好，都能令自己的身心很放鬆，並且覺照到全身，你不妨回頭複習呼吸法，藉此測驗一下自己，應該是不會有問題的。在用呼吸法的過程中，你應該會感到自己的身體很容易放鬆，方法也很容易用上去，這就表示你的基礎工夫確實滿穩固的；但如果你已學過很多方法，此刻回頭用最基礎的呼吸法，卻發現用得並不好，那就表示先前所學的方法工夫不紮實，你是用自己的意識在用功。

因此，無論禪修資歷深淺，都要很紮實地練習好呼吸法。這個方法的優點在於雖是依身根的觸覺，但把專注力集中在一個較小的範圍裡，非常容易掌握。

卷三

禪定波羅蜜的調心要領

用方法時，請注意呼吸必須是自然的。覺察呼吸所用的心理功能，除了專注的作用，為讓專注力能持續地保持，還必須有覺照的功能。

專注與覺照，即定與慧、止與觀，是心最主要的兩大作用。在一般狀態下，這兩個作用很容易混在一起或是分開。舉例來說，當人很專注一樣東西時，覺照的作用就不敏銳，此時其他的東西就覺照不到，或是心會慢慢地下沉，逐漸失去覺照的作用。此外，人能知道周邊有些什麼東西，其實就是覺照功能在發揮作用，但在發揮作用的同時，心很容易變得散漫不安定而無法專注，大多數的人都是如此。

人因為意識的作用比較強，用得也多，所以意識常常通過前五根，去了知各種事物，而此時前五根的作用往往是分散的，這也導致注意力很容易分散。可想而知，在此狀態下的心，既不安定，也無法專注。一個既不安定也不專注的心，會使人在現實生活中不時地陷入無明的狀態，而不容易覺知貪、瞋等煩惱的生起，不清楚這些煩惱如何影響我們的情緒，如此一來，心就會不斷地處於波動之中，煩惱不已。

數、隨、止，凝聚一心

所謂調心，就是要把心專注、覺照這兩大作用，慢慢地凝聚起來。方法如果用得好，即可達默照同時、止觀雙運，也就是專注、覺照的一體運作。

然而，實際練習方法時，會發現心的覺照力如果不夠清楚、敏銳，很容易會被別的狀況轉移注意力，比如妄念或身根較強的觸覺，如果沒有覺察到自己分心了，專注力很快地就會散亂，覺照力也會愈來愈不敏銳。

一覺察分心了，就要把心收回到所用的方法上。方法即是所緣的境，讓專注與覺照能夠一直收攝回方法的運作上，藉此讓心的這兩大功能慢慢地凝聚。運作方法的同時，為了確保這兩大功能持續地保持，當專注力放在某個境上，比如呼吸法所依的鼻腔前端時，要非常清楚地覺知鼻腔前端的觸覺，這會幫助我們更好地把專注力收攝在所依的部位。於此同時，如果發現覺照力不太清楚，可以為呼吸加上數目字，提醒自己加強覺照的作用，隨著覺照力不斷地提起，專注的狀態就能一直持續保持。

以加上數目字的方法提起覺照性，在止觀法門中稱為「數」。數息法是依身根的觸覺，專注地數呼吸。此外，還有念佛的方法，則是依意根所生的意識，即心較內層的作用來用方法。數息法和念佛法兩者所依的方法及功能雖不同，但原則相同，都是專注後再清楚地覺照，同時利用數目字，加強覺照性。念佛方法的實際運作，之後會再做介紹，現在先回到數息法。

隨著持續練習方法，專注與覺照的作用會逐漸凝聚，當這兩個功能都能清楚放在呼吸上，持續不中斷，此時自然會覺得數息的方法有些粗，那就可以把數目字放下，改用隨息法，隨息法可簡稱為「隨」。

在隨息的過程中，身體漸漸地會更放鬆，呼吸也變得更細微，甚至細微得不太容易覺察到，如果此時仍繼續用方法，就不必管呼吸有多細微，只要保持覺察就好。你慢慢地會發現連呼吸也能放下了，此時的專注力與覺照力不但凝聚在一起，而且不需要依靠外在的所緣。練習到這樣的程度，毋須刻意把心放在任何地方，都能保持很清明、安定的狀態，這樣的心即是處於「止」。

我們用方法的目的，就是要調到一心，先進入止，再用這個止的心，練習觀的方法。用功至此，這個很安定、清明的心，無論調整到默照或話頭等其他的方法，都會很有力量，並且輕鬆不費勁，一個順勢就能把方法用上去。

以上所談，都是知識。對很多人來說，理解這些並不難，但要實際應用就不容易了。比如默照的方法看似非常簡單，但要用得好卻很不簡單，因為人有活躍的意識，以及長期養成的慣性思惟與行為模式，種種因素都導致現前的身心狀態複雜化，會在我們用方法時成為障礙，所以必須不斷地清理。

清理心的過程，即是讓心更簡化的過程，藉著用方法，不斷地把心收攝回來。隨著持續練習，方法愈加熟練，將覺察到心愈來愈安定、清明，最後，默照的功能，也就是定慧的力量，就會自然顯發。

禪修其實並非要得到什麼，相反地，是要做大清理。然而，很多人來禪修會想著要入定、開悟，只學了一點皮毛，就非要得到什麼成果不可，這都是掉入了慣性使然。禪修如果說真有所謂的成果，這個成果其實是讓心變得更簡單、更清淨，此即心掃除障礙後，所呈現的一種狀態。

方法由繁入簡

有些人的方法一直用不好，是因為身心太過複雜，用方法時，如果又回到慣性去處理，如此一來，慣性加上慣性，就變成另一種慣性，形成另一種障礙了。如果用功時發現自己的身心狀態，對於根緣境而對所見、所聞、所想等生起複雜的覺受，表示方法走偏了，要趕緊導回到正確的用功程序。

把握好正確的用功程序，非常重要。一開始，為了要對治當下身心的種種障礙與慣性，方法必須有與其相應的複雜性，此時用功的重點，在於清除障礙。待工夫得力，障礙清理，身心沒有那麼複雜了，所用的方法不但變得更簡單，也很容易用上去。換句話說，當愈來愈多的慣性與障礙被放下、清理了，身心就會趨向簡單，所用的方法也會愈來愈簡單，此即正確的用功程序。

隨著方法用得愈好，心也隨之愈簡單、清淨，繼續用功下去，工夫就能向上提昇至開悟解脫的境界。而達至此境界的過程，所用的方法則是愈來愈簡單。同樣以呼吸法為例，從一開始提起數目字，到慢慢地將數目字放下，只專注覺照於呼吸，接著連呼吸也一起放下，這段趨向簡化的過程，心已簡化到「一心」。在一心的狀態中，如果能與空相應，還有什麼能比空更簡單呢？沒有了，空已簡單到無法言說，心一旦與空相應，即進入「無心」，身心的狀態又更簡單了。

綜觀整個用功的過程，即是針對當下狀態，用方法清理障礙，隨著工夫提昇，方法愈往上愈簡化，身心也愈簡單。所以，練習方法一定是由粗到細，由外在到內在，由調身到調心，由複雜到簡單，這個方向一定要清楚。很多人因為不清楚用功的方向，而陷在各種複雜的慣性狀態與障礙裡，不停地兜圈子。

一開始用方法，需要一定程度的複雜，用以調和比較複雜的身心狀態，隨著工夫得力，方法慢慢地會愈來愈簡化，愈來愈能放下執著，請大家務必把握好正確的用功方向。

想像用功和真正用功

所謂用功，即是集中心在某一個根識上，把心最主要的專注與覺照兩大功能，置於其上來練習方法。於此同時，還要減少其他根識的作用，才能集中心的力量，於所依的根識上用功。

至於方法所依的根，外在的眼、耳、鼻、舌、身五根，皆有相應的法門。我們現階段學習的，包括呼吸法、覺照全身等默照前方便的方法，則是依身根的觸覺，做為能觀的作用，依身根所觸的境塵，做為所觀的對象來練習方法。

雖然目前所用方法是依身根的作用，但實際練習時，很多人卻是依意根所生的意識，在想像全身的觸覺，或想像自己的注意力放在呼吸上，這一點必須要留意。

心除了前五根、五識的作用，最活躍的當屬於意根、意識的作用。相較於前五根識各有特定的領域與範圍，意識則無此限制；而且前五根識的作用都必須收回到意識，再由意識做出種種分別與回應。因此，意識可說是心的中樞點，卻也讓許多人誤以為意識是心的全部，以致於初學方法時，如未把握好自己是依哪一根識在用功，很容易就落入意識的想像中。

意識的想像空間非常大，甚至會製造很多幻覺、假象，這是長期累積下來的經驗、慣性與想像的結果。平時它們潛藏在意識中，當人動用意識的功能時，這些作用就會顯現出來。所以，每次我們一用功，把注意力專注在某一根識上時，意識的某些作用就會被引動，許多妄念也隨之而生，如果我們所依的根識功能較不敏銳，就容易變成是用意識在想像自己用功。

以基礎工夫清理意識雜染

因此，有人說自己默照工夫用得不錯，用到身心都統一了，我們便會提醒他，再用回呼吸的方法試試看。因為能夠覺照全身、身心統一，表示工夫已進入到很放鬆、很安定且平衡的狀態，此時回頭用數息法會非常簡單；但假如用回基礎方法，卻發現自己數息數得不太好，就不太可能用默照，甚至到達全身統一了。打個簡單的比喻，數息好比小學作業，如果都已經大學畢業，小學作業卻做不來，這就不太合理了。

我們要把握好用功的程序，清楚現階段是依身根用功，不要被意識所迷惑。意識的煩惱、妄念等雜染最多，有時會處在無明的狀態給了錯誤的訊息，甚至意識本身也不知道判斷是否正確，只是為了讓自我感覺良好，便有意無意地欺瞞我們，讓我們覺得自己的工夫用得很好。這也是為什麼必須一再提醒大家，不論自認工夫有多好，都回頭做做看一年級的功課，假如連最基礎的功課都做不好，那就承認自己小學還沒讀完，老老實實地把基礎工夫練紮實，通過用功清理意識的各種雜染，讓心顯現清淨的本質，並更好地發揮功能，這樣會比停滯在高層的方法上兜圈子，更能讓禪修工夫進步。

在所有眾生之中，人類最占優勢之處，就在於擁有活躍的意識，讓人得以造業或用功修行。我們可以觀察一些身邊常見的動物，牠們因為意識不活躍，只能生活在一種比較低智能的狀態裡，既無法專注，也無法應用方法用功。然而，人的活躍意識，雖能發揮很大的功能，卻也會製造很多的問題。

意識雖只是心整體功能的一部分，卻不但位居重要中樞，而且非常有力。用方法時，雖然要留意不被意識所迷惑，但仍要重視它。隨著工夫的進步，有根柢的禪修者，甚至可轉而只依意識來用功。但在此前，目前所用的方法仍是依身根的觸覺用功，所以要把心安放於此，並減少意識的作用，不產生過多的妄念。假如方法用得好，自然會感覺妄念的干擾減少了；反之，方法還不熟練，妄念的作用就會比較明顯又有力，而把專注的心給拉走了。

意識雖為心的中樞點，但在剛開始用功時，意識的妄念雜染仍多，必須先將專注力放在身根的觸覺上，以減少意識的干擾。隨著工夫漸深，心變得更加專注、清明與安定，意識也得到適當調整，妄念雜染愈來愈少，心就更簡單了。當工夫持續深入，用功的方法自然會趨向心更內層的作用，心就能收回到意識來用功，調整到觀想的方法，這個階段的意識，就能顯發出很大的功能與力量。

由此可知，方法愈往上提昇，就愈趨向簡單。因為心的本質即空，空是最清淨、最簡單的，我們修行的目標一定要與這個方向相應。

念佛的正念

意識最主要的功能，就是「念」。各種邪、正、染、淨的念頭，都在意識裡流動著。

直接用意識用功

用「念」這個字，其實並無法完整概括意識的所有功能，只是方便說明依意識用功的方法：依意識用功，就是要讓心提起正念，並清理意識裡的其他雜念，讓心能安定地用功。

換句話說，要減少雜染念頭的干擾，就必須提起正念。什麼是正念呢？從佛法修行的角度來說，正念一定和佛法有關。以唯識學為例，不同於禪宗強調一心，唯識屬於多心論，而有八識心王、五十一種心所法，其中的依意識用功，也是唯識的重要法門，此即名曰「妙觀察」的一種觀想。「妙」是妙法，即佛法；「妙觀察」即是依佛法而起的觀想，是唯識學用以調和第六意識的最主要方法。

至於禪宗的所謂「正念」，則是依正見而有。正見可透過學習佛理而得，佛理的知見又可幫助我們維持正念。比如學習了無常、無我的道理，心念上有了佛理的正見後，便能依此幫助他人，減少我執，更多地為他人著想。這就是依正見而有的正念，只要能保持正念，循著正念的引導，觀察並應對生活中的一切事物，心就能時刻安住。

我們現階段只能用方法保持正念，還無法用類似唯識學那種妙觀察的觀想法門，因為觀想時的心念比較活躍，我們目前要偏重修止，所以提起正念時，要把這個念先簡化，再把心收攝、安放在這簡化的一念上。至於這一念是什麼呢？不僅禪宗，整個漢傳佛法的修行皆然，即念佛。

禪宗念佛修定

早期佛教有念佛、念法、念僧，還有其他的各種念法。比如在印度，有六念法、八念法、十念法，經典中皆有分析其運作方式。至佛教東傳後，念佛的方法又與中土特別相應。

念佛號的方法，源自淨土宗的《阿彌陀經》，經中提出了執持名號的方法，也就是執持一佛的聖號。從這個方法再延伸，除念佛外，也能念菩薩聖號，執持佛號即念佛，執持菩薩聖號即念僧。

《阿彌陀經》由於歷代祖師的提倡，特別受到中國佛教徒的親睞，祖師們依此提出了持名念佛的方法。相較於傳統佛教的念佛，有所謂的觀想、觀相，還有更深一層的實相念佛，持名念佛則把方法簡化，只要執持一佛名號，念到一心不亂即可，也因其簡單易持，念佛法門在中國成為一個很普及的法門，除淨土宗特別明顯外，華嚴、法華、密宗，乃至禪宗等各宗派，也都念佛。

由於淨土宗的念佛，會發願往生西方極樂世界，而稱此法門為淨土法門。至於禪宗的念佛，則未必發願往生，如果僅是執持名號念佛，而未發願往生淨土，則稱此法門為純念佛法門。禪宗的念佛，是用念佛來保持正念，當方法用得很安定了，就會和話頭的方法相應，這是工夫得力後可做的調整。

念佛方法在中國佛教很普及，不只淨土宗採用，禪宗、華嚴宗、法華宗、密宗也都使用念佛法門。而依禪宗的角度念佛，比較重視的是「止靜念佛」的方法，這和《小止觀》（又名《修習止觀坐禪法要》、《童蒙止觀》）的方法運作很相似，在禪修的方法運作上，將念佛視為修定的程序，也是進入更深工夫的前方便。

以七支坐法的操作來說，是依身根的觸覺，讓自己坐得很安定、放鬆，然後繼續坐著，但不停留在身根的觸覺上，而是在放鬆坐著同時，覺察到內心有很多妄念在流動，這就表示心已經往內反觀，也知道心內層的作用，是以念為主，接著就把心安住在一個正念上，用它來攝心，直至能安止達到一心。

這個程序是讓心通過提起意識中的一個正念為方法，以達到一心不亂，藉此來修定。這個正念可以提起佛號或菩薩名號，使其成為意識中最重要的一念，將心安住於此，專注、覺照這一念。此過程是由心內層的意識功能在運作，所以練習方法時，要把對外的觸覺、聲音和外境通通放下，心才能更好地往內攝。隨著工夫得力，正念的力量會愈來愈強，心也愈來愈安定，原本意識中的妄念、雜念，便逐漸消失而不再生起，這就達到了心止於一境的安定狀態。

這樣的方法即是「止靜念佛」。不論從佛法教理或禪法修行的角度來看，都是一個相當重要的法門；但一般我們會認知它是中國式的方法，似乎華人較易理解並應用它，至於西方的佛教徒，則比較少採用了。無論如何，念佛的確是一個相當有力的方法。

念佛也可數、隨、止

念佛是以提起意識裡的正念，做為練習的方法。念佛和呼吸法在實際操作時，都會面對一個類似的問題，就是妄念很多，或是身根不舒服的觸覺比較強，而干擾我們用功的心。這是因為專注、覺照的心，不夠凝聚、安定與清明，所以心的力量無法顯發，容易受到外緣干擾。

如有此情形，必須加強心的覺照力，方法是利用「數」的功能。這個方法出自天台宗禪法六妙門，六妙門是六種微妙的方法，「數」即是其一，「數、隨、止」則是方法的次第與善巧。實際操作這個法門，是以呼吸法為核心來練習方法，每一次呼吸，就用一個數目字提醒我們，加強對呼吸的專注與覺照。假如提醒後，念頭仍散亂，但因為有數目字，所以數目字一丟失，就能提起警覺心，而能很快把心拉回方法上，回到方法上的時間漸漸地愈來愈短，方法就能愈用愈安定。

「數、隨、止」的用功技巧，也可以延伸運用在念佛。以「數」的技巧來說，假如念佛時，有很多的妄念、雜念把念佛的正念給拉走了，可以給佛號加上數目字。這個方法看起來比較粗、比較複雜，但因為當下身心的狀況，也是比較粗、比較複雜，就得以相應的方法來對治它，否則我們的心太粗，覺照力又太弱，方法就會一直無法拉回來。

透過給佛號加上數目字，阿彌陀佛一、阿彌陀佛二、阿彌陀佛三……，不斷地念下去，心就會專注。假如念著念著，發現沒有數目字了，就表示心要散了，覺照力也不敏銳了，接下來專注力也會鬆散。一經覺察，就把前面念的佛號通通放掉，不要再想過去，回到當下，重新再把數目字提起來，從「阿彌陀佛一」開始數起，從一念到十，即完成一個循環。念到十時，要加強覺照心提醒自己，不要讓數數成為慣性，否則這麼數下去，十一、十二……，恐怕就要跑出來了。有了這個覺照心，就能重新回到一，再開始一個新的循環。以這樣的方法不斷練習下去，如果漸漸地每個佛號都很清楚，數目字也很清楚，這就表示數的工夫已經穩定了。

和數息一樣，數數念佛也是基本的工夫，雖然很基本，很多人還是做不到。不論數呼吸或數佛號，不只呼吸跑掉、佛號跑掉，數目字也跑掉，從一到十總是數不完，那就表示工夫很淺，必須承認自己工夫還不穩定，要回到最基本的方法上，老老實實地練習。

練習過後，從一數到十沒問題了，就表示基本工夫比較穩定了，接下來可以持續地從一數到十，數目字將會愈數愈清楚，如果感到數目字有點粗重，那就可以把數目字放下。到了這個階段，用呼吸法的人如果發現呼吸非常地細，但仍能覺察到，那就把心統一在呼吸上，直至覺察不到呼吸後，就連呼吸都放下，這時的心會自然地內攝，不須借助外境就能保持安定。

念佛轉入話頭

念佛也是如此，當念到佛號很清楚、數目字也很清楚，就可以把數目字放下，只念佛號，如此持續練習下去，就能念到一心不亂。發願往生西方極樂世界的人，至少得念到一心不亂才能往生。

當工夫安定了，心凝聚了，這時就可以放下佛號。然而，對很多念佛人來說，要他們把佛號捨掉，並不容易。所以，禪宗用話頭的方法，讓念佛的禪眾，在念到一心不亂之時，再提起一個念頭：「正在念佛的是誰？」以「念佛是誰」，把念佛轉向到話頭的方法，此即禪宗在方法上的善巧應用。

但在進入話頭之前，最基本的工夫還是要學好。一如世間學問，從一數到十沒問題了，才能再從一數到一百，乃至學習更進階的加、減、乘、除、開根號等。當然，這是以數學為例，所有的數學都離不開數字，如果一個人從一到十都數不完，要說他會更深的數學原理，那是不可能的。

禪修和世間學問的不同之處，即在於世間學問是能從一數到十後，就要接著從一數到一百，甚至一千，學習是無止盡的；禪修則是學習到一定程度後，就要開始「捨」，也就是簡化。

禪宗的方法是，能從一數到十了，之後不是要往更多的數目字繼續數，而是要練習放下。話雖如此，但從一數到十的基本工夫，還是要有的，如果連數目字都數不來，那又能放下什麼呢？一定是先能數了，之後再放下數目字，接著再更進一步，呼吸和佛號都要放下，如此才能調整方法，進入更深的工夫用功。

以靜態方法對治動態散亂

先前介紹了禪修的基礎方法，也鼓勵大家先在這些方法下工夫，將基本功練得紮實穩固後，再隨順因緣練習更深入的法門。

練習方法需要處於一種靜態，所以靜坐先以坐姿讓自己安靜下來，然後再把心收攝回身根來用方法，或是向內收攝到意根，以念的方法用功，這是很重要的程序。

以靜態的方法用功的目的，是為了對治平日動態下的各種散亂，因為人的大部分時間都處在動態中。我們雖然處身在動態中，也能有感官內省的工夫，只是往往覺察到的都是散漫、散亂的心。散亂的心會充滿許多妄念雜染，干擾我們的身心。這類問題多緣於長期累積的慣性，如果沒有適當地調和，身心問題就會日積月累愈來愈嚴重。

我們小時候的生活很單純，沒有複雜的心事，而隨著年歲漸長，接觸面擴大了，煩惱也變多了。有些人因為無法調和、控制自己的負面情緒，煩惱的力量太過強烈，久而久之，就可能出現各種精神問題，甚至生病。大家之所以來禪堂用功，正是因為覺察到這些問題，而想要調和身心。很多精神或生理出問題的人也想調和自己的身心，但由於缺乏善知識引導和學習管道而未果。有的人雖然學習了禪法，也有善知識引導，可就是靜不下來，而無法在靜態中用功。我們則是以具有修行的因緣，了知到若要不斷深入地調和身心，清理種種妄念雜染的煩惱，就必須以靜態的方法來對治。其實，只要開始學習靜態用功，不論方法用不用得上、用得好不好，甚至有些人連正確方法都尚未開始學習，只要能靜靜地坐下來，向內調和的工夫即已開始。

保持坐姿很重要，因為它能幫助我們放鬆。很多時候即便方法用不上，但只要人坐下來，很多雜念會跟著一起沉澱，原本的一些情緒波動也會漸漸地平復。把身體安定下來，處於止靜的狀態，就是最基礎的靜態用功。如果還學習了攝心的方法，讓心專注覺照的作用得以凝聚，並發揮更大的作用，這就表示我們調和身心的工夫，已走上一條正確的道路，並且獲得一定的收效。

由此可知，靜態相對於動態，更能夠發揮方法的作用，幫助我們對治日常動態下引發的種種身心問題。我們只要感受到身心的問題，就會知道以禪坐來調和身心，是非常重要的用功程序。即使無法長期用功，每年也需要安排固定時間做密集修行，並且最好每天都排定固定的用功時間，讓自己可以靜下來，這對禪修者很重要。

找到修行與現實的平衡點

對大多數人而言，安排更多時間在修行上，首先就會面臨生活上的現實問題，比如有家庭、工作、孩子或孫子要照顧，世俗的生活總是有很多牽絆。如果你都能處理好，靜態用功對你而言，會是非常好的選擇，可以專心用功，但假如無法兼顧，就會在靜態用功和現實生活的兩端，產生許多矛盾、衝突，而經常在這兩端徘徊，一下子決心好好用功，一下子又覺得應該把現實生活處理好比較重要。

多數人都必須面對這兩端的拉鋸，關鍵就在於我們能否找到平衡點，找到貫通現實生活與修行生活的方法，讓我們在用功的同時，能兼顧來自家庭、工作等各方面的現實，達成兩全其美。

不論修行是否曾受到現實生活的阻力，大家現在能齊聚在此用功，就表示這些問題都已做了處理，所以當下最重要的只有一件事，就是回到自己本身，好好地用靜態方法用功，至於現實生活的動態問題，就把它們通通放下。雖然用功時要把現實生活的問題都放下，但請不要因此產生二分法的心理，把動態的現實生活與靜態的禪修生活截然二分。

很多人都是煞費苦心地前來禪修，有的人好不容易才請了假，甚至為此辭去工作，想必這段期間會很認真地以靜態方法好好用功，而道場也會全力照顧生活所需，讓大家心無旁騖地用功。面對如此周到的禪期生活體驗，有的人一想到課程結束就要回到現實生活，或面對家庭問題，或得開始找工作，生活必須為張羅三餐而辛勞，不像在此餐餐都有人免費提供，因而感到禪修生活與現實生活真是天差地別，對比於清淨的靜態修行生活，覺得動態現實生活充斥著雜染煩惱，便對現實生活產生一種抗拒心理，卻又不能不回去面對。

如果你有這樣的心理，請先調整它。不要認為現實生活與修行生活背道而馳，以為自己已經是在用功修行的人，就很難回到現實生活，又不得不回去，這種心態必須先清理。

至於清理、調整的方法，則是佛法修行的「安忍」工夫，也就是要認同、接受「現實」本身就是一個事實。安忍現實可以從兩個角度思惟：一是現實中的家庭、工作，乃至社交生活，都是既成的事實，不可能逃避。二是修行並非為了要逃避現實生活，而是發現現實生活中有很多干擾身心的煩惱，為了調和身心，適當清理身心上的種種障礙，而到禪堂用功。

如果能調整好自己的心態，藉由修行調和身心，重返現實生活之際，就不會產生抗拒的心理，而能以更平和、安定、柔軟的方式來面對，因為你知道現實生活是不可逃避的，必須勇敢面對。你終究會發現，現實生活才是你生活中占比最大的部分。

設想有人一年來參加四回禪七，也就是一年中有一個月是過著道場的修行生活，這對多數人來說，都是很難做到的事。即便如此，這也只占一年中的十二分之一，至於其他的時間，他也是過著現實的生活。由此可見，現實生活必然是我們生活中最主要的部分，不是進入禪堂就能逃避的。

學方法是為了更好地應對現實

也緣於現實生活覺察到的動態問題，才讓我們生起用功的心，練習以靜態方法幫助自己調和身心，並對治問題。我們之所以用功，是為了更好地處理現實生活問題，減輕它對我們造成的影響與障礙。用功，是為了更好地生活。

不能硬把生活拆成兩邊，來到禪堂就用功修行安定身心，而一回到現實生活，就抗拒、逃避，百般不願卻又不得不回，以這樣的心態來禪修，所能發揮的功效將很有限。因為多數人只有短則一週、長則一個月的時間能在禪堂用功，絕大部分的時間都是在現實生活中謀生，禪修生活只能涵蓋現實生活的極小部分，所以厭此欣彼的二分心態，必須以安忍的方法來解除。

實際上，安忍也是一種智慧。當我們通過用功，把方法用得愈來愈好，自然而然地，我們也愈能夠安忍現實的生活，接受現實生活中的各種問題，並慢慢地找到處理現實生活障礙的方法。究竟來說，生活是一個整體，不能將其切割開來。

安忍過生活

佛法六度裡有「安忍波羅蜜」，安忍是很重要的觀念。我們必須安忍所有的現象，以正確的心態接受所有的問題，因為這些問題會發生在你身上，必定和你有關係，是逃避不了的。既然如此，就要更好地面對它。

雖然在剛開始覺察到問題時，我們尚未有足夠的力量去面對，只能姑且暫時避開，以靜態用功的方法幫助自己調和身心，讓心更安定、清明，然後再回到現實生活。你會發現原本以為很大的問題，此時已不覺得是問題了，至於仍是問題的部分，也已不如用功前所想像的那麼嚴重。如果你能得到這樣的體認，那就表示方法用對了。

禪修的受用之一，就是懂得用方法，處理現實生活的各種妄念雜染造成的問題，接著要更進一步凝聚更大的力量，讓自己無論面對現實生活的順逆，都能自在過生活，這才是禪修最大的受用。

在用方法時，主要運用的是兩種心理功能，即專注與覺照，也就是定與慧的作用，兩者皆是心本然性的功能。平時的專注與覺照，不是分散就是混在一起，無法很好地結合，以致於不容易覺察所顯發的力量，而用方法就要是讓這兩個功能完整結合，以發揮最大的作用。

以呼吸法為例，想要覺照呼吸，必須先提起專注的作用於呼吸，而要提起專注力，也必須運用覺照力，先覺察到呼吸的觸覺，方法才能持續。念佛也是如此，念佛是以佛號做為讓心專注的所緣境，而要把佛號提起來，也必須運用覺照力，才能清楚地知道自己在念佛。

假如練習方法時，專注與覺照的作用沒有很好地結合，心很容易散亂。之所以如此，一方面是因為心安定不下來，另一方面則是表面上看似專注，但覺照心不敏銳使然。這時就可借用數的方法來加強覺照，藉此不斷提醒自己把心放在呼吸上。透過持續練習，慢慢地讓專注與覺照的作用結合起來，一旦兩者能統一運作，就能發揮很大的力量，此即制心一處的「心一境性」。

當心能夠制於一處，就能更進一步地運作它。認為定功很重要的人，可將這個統一心更深入專注的作用，以便進入更深的定中。不過，禪宗修行並不強調深定，所以我們用方法時，在達到專注與覺照作用統一之後，則是以專注的安定作用輔助覺照作用，使其更加敏銳，而能進入到觀想。觀想雖然主要運用的是敏銳的覺照性，但也必須有專注的力量扶持，才能發揮得更好。

卷四

大乘菩薩的禪波羅蜜

禪宗的修行法門特色

禪期中所用的方法，以靜態用功為主，所以會較偏向專注。靜態用功是先提起專注力，將心制於一所緣境上，然後再時時保持警覺，知道自己的專注作用正在運作，如此就能讓專注與覺照的作用結合、凝聚。

禪宗禪法定慧等持

我們需要靜態用功，是因為動態時，這兩個作用通常很散漫，而靜態用功藉著提起專注的作用，能幫助我們先安定下來，接著再讓覺照心與專注作用，持續保持結合的狀態，此即靜態用功的基本運作原理，它是對治動態散漫的一種方法。

雖然動態用功很重要，但對絕大多數的人來說，整體的生活運作不可能長期處在靜態，但也並非沒有例外。有些生命體是住於深定或長期安住在定中，他們大多不在我們人類眾生所在的欲界，而是生存於色界或無色界。這些生命體雖可完全處於靜態，卻一直處於深定，這對於生命的解脫，其實並不理想。

印度佛教時期的禪修，更重視的是「色界四禪」，即所謂「禪那波羅蜜」，或稱「禪定波羅蜜」，是屬於定的一種。相較於深定，其專注（止）與覺照（觀）的作用較為平衡，也因是定慧等持，所以許多大修行人，包括佛陀，都是住於四禪，而在四禪的狀態裡開悟，也因此，這個定特別受到重視。

包括禪宗在內的漢傳佛教，如此廣泛地用到「禪」這個字，主要是將其視為定慧結合的一體，而不專強調定。所以，講到「禪定波羅蜜」時，其實不該用中文的「禪」，而應使用梵文的 dhyāna，方符合所指涉的「定」的意思。

大乘三昧為心一境性

對於色界四禪，我們只需有一個基本的理解即可。因為我們並不重視深定，尤其是中國禪宗，更重視的是通過禪修，除了讓心止於一境，也能在日常生活的動態中持續發揮，此即「大乘三昧」，也就是大乘菩薩的禪定工夫。

在大乘經論裡，有許多關於大乘行者在現實生活中運作工夫的描述，他們在行、住、坐、臥中，仍能保持心一境性的大乘三昧。整體來說，漢傳佛教皆較著重於這個層次的修行，禪宗亦然。

禪宗的修行法門，非常重視日常生活。當禪宗成為中國佛教的主流宗派時，大部分的禪宗叢林道場，都一定會有禪堂。禪堂是整個叢林的中心，而扶持一群人在禪堂裡用功的關鍵，則有賴於整個叢林的運作。很多人雖非在禪堂內用功，但要護持禪堂的運作，可以說都是在現實生活中用功修行的。

禪宗的觀點認為日常生活即是禪，在生活中就可以禪修，而這樣的觀念對現代人禪修來說，是很重要的。它讓我們理解到禪堂內的用功雖是核心，卻非全部，必須要把這個核心工夫延伸到日常生活中運作。

中國禪宗除了有傳統內修的禪法，同時也注重日常生活的運作。有些禪師既可進入深定的狀態，還能在出定後持續於動態中鍊心，此即中國佛教所提倡「心一境性」的大乘三昧，也是中國禪宗的禪法特色。我們如果能掌握這樣的觀念，就能明白現實生活與禪修生活並非截然兩分，而是能互相融通運作的。

在禪堂的實際用功時，我們是先以靜態用功，讓身心在安定的狀態下提起專注力，於此同時再提起覺照力，藉此讓專注力持續、穩定地發揮，並讓專注與覺照這兩個作用逐漸凝聚、結合。

至於日常生活中的用功，因為不是處在靜態，沒有一個所緣的境能直接把心專注於其上，所以相對於靜態用功來說，可能會覺得較不易運作，此時可以加強覺照的作用，也就是讓自己的心清楚地知道自己在動中。藉由禪修，我們學習了各種靜態的修行方法，練習讓心的覺照作用與專注作用結合，當心的敏銳度逐漸加強，動態用功就能用得愈來愈好。

拜佛、經行，都屬於禪堂內的靜態用功。練習方法時，要注意自己的動作，也就是要提起覺照作用，清楚地知道自己在拜佛、經行。而為了持續保持覺照，必須同時提起專注力，把心專注在每一個動作上。

只要動態用功練得好，專注與覺照的作用就能慢慢地凝聚、結合，終而統一。有些人拜佛拜得很好，甚至能拜到身心統一；經行也是如此，即使並非處於靜態，有些人依然能保持專注與覺照一體運作。假如你能練習到此程度，就能更敏銳地覺察到自己的身心狀態，心也更容易安定。

日常生活運用禪法

日常生活遭遇外境時，一般會有兩種負面的狀況顯現：一種是心不安定，知道發生事了，情緒受到衝擊而爆發，此時的心雖能覺察事件的發生，但無法保持安定；另一種是沒有覺察到事的發生，表面上看來人沒有什麼反應，甚至還頗安定的，但這種安定是假象，並非真正的安定。

一個真正安定又敏銳的心，應該要在發生事件的當下就能覺察到，卻不會因此受到衝擊而生起煩惱的作用，導致情緒的起伏。我們通過練習方法，將心的專注與覺照作用，經常性地保持高度凝聚，可藉此練就出一個愈來愈安定、敏銳的心。之後，帶著這個心回到日常生活中，假如聽到一些不中聽的話，過往的自己可能就要發脾氣了，但因為有了禪修工夫，這時會往內觀照讓自己心動的那些念頭，如此一來，本該是要生起煩惱了，但因為提起了覺照，而覺照中有一種安定性，所以內在的情緒不會爆發。

禪修過後，可以檢視自己是否能持續保持安定的狀態，也就是處理事時，變得比較冷靜，並清楚事件發生的來龍去脈。若能如此，就表示禪期間的用功發揮了功能，所以能幫助我們在日常生活中持續保持安定清明的狀態。

日常生活中的練習，重點也在此，即是每件事的運作都能清楚覺察，並同時保持在一種安定的狀態裡。當然，不可避免地，生活中總有遇到外境的時候，如果能清楚知道事件的發生，同時發覺自己的心開始波動，情緒受到干擾，這就表示心的安定力量還不夠，必須拿出平時練習的方法來運用。

舉例來說，經常用呼吸法的人，會發覺只要情緒一波動，呼吸就會變粗，這時就可以先調和呼吸。把心放在呼吸上，專注地感覺呼吸，去調和、放鬆，藉此讓波動的情緒緩和下來。

呼吸變粗，身體也會變得緊繃，只要呼吸放鬆了，身體也會跟著放鬆，心也能調和得更平穩，如此一來，情緒就不會隨著所緣的外境而爆發，這樣在處理事時，就能夠處理得更加妥善。在情緒波動時，人很容易做出誤判，而衍生出很多的後遺症。所以，如果能把情緒調和好，在日常生活中就能減少很多不必要的煩惱。

如果用的是念佛方法，發現自己的情緒波動了，可以用念佛來安心。把心先安定下來，並同時保持一種警覺，這樣就能妥善處理好事。

當我們與人交流、互動時，難免會產生一些問題，如果我們的身心經常保持在一種安定、清明的狀態，當發生溝通困擾時，就能更好地處理。如何讓身心保持在這樣一種狀態呢？那就必須對自己當下的語言、動作，保持清楚的覺知，而要做到這一點，身心要經常保持在專注、安定的狀態，兩者可說是相輔相成的。身心若能依此運作，就能在日常生活中持續保持在用功的狀態裡。

行住坐臥皆是禪

所謂「行住坐臥皆是禪」，時時保持在用功的狀態是禪宗的核心觀念，這樣的工夫用得愈好，就愈能保持身心的安定、清明。

歷來許多禪宗祖師，乃至禪堂周遭護七的義工們，他們不論搬柴、運水、煮菜，都時時保持在當下覺知，處於清清楚楚自己正在做什麼的狀態裡，所以他們的心不會散亂，甚至能在做事的當下，就達到身心統一。此即大乘三昧的心一境性，換句話說，他們的身心已和所從事的工作活動達到一體運作，處在這種狀態裡，無論發生任何事，對他們來說都不成問題，都能在當下以統一的身心把事處理好。

即使你現在無法達到這樣的狀態也沒有關係，只要練習時時保持警覺心，知道自己的動作，知道自己當下的情緒，這些都很清楚地覺察，並同時保持安定的心，這樣就是在日常生活中運作禪法。

大家如果能在平常生活中保持這樣的用功狀態，進到禪堂後，就能很快地安定下來，後續就能把所要用功的方法，用得更好、更深，如此一來，現實生活與禪修生活，就成了相輔相成的作用，兩種生活便能很好地結合、統一。

禪法的修定層次

先前介紹的方法運用，是依六妙門的次第：數、隨、止，接下來就要進入觀。觀法的修行重心，必定和佛陀教導的智慧法門相應。

止的工夫在實際運作時，是以專注為中心點，讓身心處於安定的狀態，以期在達到止時，專注與覺照兩個心本然的功能能夠統一。

關於止的修學，不同的禪法在修定的層次上，會有所不同，方法的運作也有不同的側重。有些教派較重視止的工夫，在達到止後，會追求進入更深的定；有些教派則是藉著修止，讓身心處在比較安定的狀態，而在達到止後，再把專注與覺照的作用做一適當調整，讓覺照的功能得以更好地發揮。所謂的調整，即是進入依佛法而起的觀想。

許多佛教教派都很重視觀的修行法門，包括禪宗在內。觀是依定來安定慧，讓觀的功能得以更敏銳有力量地切入。不同於修止較偏重安定，修觀則較偏重覺照，但仍需要相當程度的安定。因為觀的過程，會應用到類似思考的功能，假如止的工夫不夠安定，在起觀時，就可能轉入到思惟。雖然思惟是理解佛法很重要的過程，但在運作思惟時，因缺少定的作用，觀的力量就會相形薄弱。

大部分的人能修到的止，是凝聚了專注與覺照，達到制於一心的狀態。這樣的止，可做為起觀的下手處，在禪法的運作上非常重要，禪宗等教派修學止觀法門，都是在這個基礎上，再轉入後續更深入的修行。因此，止的工夫很重要，假如止的修持不夠穩定，後續的觀就會力量不足，而慢慢地消散。

三界的禪定種類

以下分別就欲界定、色界定到無色界定，做一簡要討論。

1. 欲界定，動靜皆可修

由止入觀是許多教派的主要修行方法，禪宗更是以此為修行核心。一般來說，達至統一心狀態的止，即所謂「欲界定」，也就是人類與同處一界的眾生所能達到的定境。這種定的特色是，可以在動中修。

有兩種練習方法：一種是可以靜態打坐，也就是以專注為主，練習將心止於一境並清楚覺照，通過這個過程，讓心的專注與覺照作用逐漸統一；另一種是在動態中修，此時會較注意覺照，由此專注力來保持覺照作用。

達到欲界定的修止方法，一方面可採取止靜的方式，而較偏止；另一方面可採取動態的方式，則較偏照。如果專注和覺照兩種功能都能很平衡地凝聚，就會形成比較完整的統一心。

通過欲界定的修習，如果在止靜中能達至一定程度的安定，並把止的工夫更往內收攝，讓止的力量更加有力，朝此往更深的定境用功，將能達至所謂的「色界定」。

2.色界定，止靜修，止觀等持最理想

色界定即「禪那」，禪那的定分為四個層次：初禪（離生喜樂）、二禪（定生喜樂）、三禪（離喜妙樂）、四禪（捨念清淨）。想要進入色界定，必須以打坐的方式，即處於靜態中，方能契入。

佛教的定學中，認為色界定的止觀作用最均衡，所以是最理想的修行層次；而欲界定則較偏重覺照作用，止的工夫相對較弱，所以在欲界定用覺照時，不但較不安定，也容易散失專注力。

大家可以觀察自己在用功時，是不是總有很多妄念呢？這是因為我們所處的層次是欲界，所修得的定還不是很安定。如果要進入更深的色界定禪定，就必須處在止的狀態，當工夫用得好時，則止與觀的作用就能均衡等持。

因為色界定止觀等持，所以包括佛陀，以及禪定工夫較深的阿羅漢們，他們多數都會處在這個境界，此境界一般來說都是靜態的。經典中也提到，佛陀是住在禪定的四禪中開悟的，由此可知，四禪的止觀作用，均衡度最完美。

3.無色界定，定強慧弱

在色界定之上，還有更深層次的定，即是「無色界定」。

無色界定可細分為四個層次（四空定）：空無邊處定、識無邊處定、無所有處定、非想非非想處定。總體來說，無色界的定因為已進入更深的定，觀的作用較弱，所以進入無色界定的修行者，一般而言，較不易起觀，慧的功能因而比較弱。

佛教的定學並不鼓勵人修到這麼深的定，因為在此定境中，雖仍有開悟的可能，但慧的力量會比較薄弱。

欲界修行和色界修行的比較

佛教的定學具備完整的系統，從欲界定、色界定到無色界定，不但含括了所有定境，把每個層次定境所呈現的狀態做條理分析，並且強調在所有的定境中，以色界定四禪的止觀最為均衡，所以是理想的修行層次。

雖然四禪的定最為均衡理想，但要修到此定境，需要具足非常多的條件。一般人如能修達未到地定（即進入色界初禪前的欲界定），並讓這個狀態持續運作，然後再發揮觀的功能，這樣就能達到顯發慧而解脫煩惱的覺悟境界。因此，有些教派最重視的反而是這一段的修行，但也有些人認為既然在欲界定中也可修觀，並證得解脫，那麼只要保持在這個修行層次即可，有很多的阿羅漢便是在欲界定的層次上修學而得證。

當然，也有些教派會鼓勵修行者進入色界禪定。但是，由欲界轉入色界禪定，必須具備相當多條件。從名稱即可得知，我們所在的此界稱為欲界，而禪定境界則稱為色界，所以要從此界至彼界，必須經歷一個跨越的過程，而這點會很明顯地顯現在生理的變化上。因為色界定比較微細，人要進入這麼微細的定，必須調整色身，也就是要調整生理的功能。

智者大師在《釋禪波羅蜜》（全稱《釋禪波羅蜜次第法門》）談到禪定時便提醒我們，從欲界定進一步到色界定，生理必然會起一些變化，假如這個條件不具足，將很難進入。雖然在定慧均等的色界定中修行最為理想，但要跨越此界，則必須付出許多修行的努力。

菩薩三昧是禪宗的開悟境界

進入色界定後，一定是處在靜止的狀態。以佛陀為例，佛陀隨時可進入到任何一個層次的定，但多數的入定時間，則是安住在四禪。佛陀定境的特別之處，在於他隨時可出定，回歸日常生活的運作，但即使在日常生活中，他仍保持在一種安定的狀態，像這樣的定，即是大乘佛法所謂的「菩薩三昧」，從禪宗角度來看，此即默照同時，已能身心統一，對內外的所有覺受皆能了了分明，對所有的法已然覺悟的狀態。

普遍來說，身處欲界的我們，身心狀態是滿粗的，如果能依六妙法門修至止境，工夫即可謂安定。之後，如果能通過這樣的止，進一步觀法，觀到無常、無我、空，而臻至覺悟之境，並持續保持在這樣的狀態之中，此即菩薩三昧，也就是禪宗的開悟境界。

此境界的特色，在於雖處於定境中，仍可保持日常生活的運作，也就是這樣的欲界定在日常生活中，依然能在保持默照的同時，身心、內外統一的狀態。禪宗特重這樣的一種定，而且此定境也與大乘禪法較為相應，要契入這樣的定境，就要依大乘禪法來運作。至於要進入更深的禪定，即色界定以上的境界者，則必須在止靜的狀態中修，無法在動態中運作。

了解各種層次的定境狀態後，可以知道要修到何種定境，是可以自己做選擇的。如果用功到統一境，專注與覺照統一、身心一體，之後只要跨越得過界的分別，超越種種身心障礙，就能進入更深的禪定。

達到禪定後，可以有兩種選擇：第一種選擇是觀法，因為在色界定的禪境裡，專注與覺照的功能最為均衡，所以慧的力量很強，於此境中起慧觀作用，可以覺悟；第二種選擇是安住在更深的定，因為禪定境界的感受很好，尤其三禪是世間最大、最有力的一種喜悅，如因缺少佛法智慧的引導，無法對法起觀想，耽住在喜悅中，不再發揮觀的作用，就會停滯在這個定境中，或繼續深入而來到四空定。

由於從四禪定到四空定，每種定的心理功能與狀態，不但佛陀在教學中提及，後世祖師們的論典還有更詳盡地分析，有的人閱讀過相關典籍卻產生一些誤解，打坐時用意識思考這樣的境界，甚至想像自己已進入了定的境界。

其實，只要進入禪定，從欲界跨入色界，生理必定會起變化，這是一個重要依據，經論中對此皆有分析。我們做為欲界的有情生命，能夠透過修行達致何種心理境界，佛教經論都有所闡述說明，藉此讓我們了解哪個層次對於修行智慧解脫最有幫助，並在修學過程把握好明確的方向與目標，我們在現階段練習方法時，對此必須有所理解。

由止入觀的關鍵在於慧

用功只要達到止的狀態，專注與覺照的作用自然統一，此時的覺照作用雖然很清楚，但仍在修定的層次上。依六妙法門由止入觀的重要轉折，則在於慧。雖然我們之前學習的方法，也運用到觀的作用，但只是清楚地觀照到當下境界，這是單純的覺照作用，包括默照法，能夠覺照全身、身心統一，也仍屬於偏止的境界。

然而，達到上述的止境，仍是非常重要的。因為佛法的修行，定為慧所依，假如沒有達到定，那麼用功時所謂的觀，往往只是和意識作用結合的各種想像，不脫思惟的範疇。雖然思惟有助於加強並深入理解法義，對於學習佛法也很重要，但僅停留在這個狀態上學習，慧的力量會不足夠，而無法切斷煩惱根。

多數人用功時，一定是既有觀照的作用，也有思惟的作用，然而，就止觀修行而言，觀一定在止後，以止做為觀的安住。常言「定能生慧」，其實不是定裡能直接生出慧，而是必須先在定境中，然後再做觀想。觀想必然會有些很細微的思惟，但此時的思惟是立足於定，這樣的工夫才能生起足夠敏銳有力的慧，以此斷除煩惱根。

前述是以止的工夫為基礎的止觀修法，但也有人是直接把思惟當作觀想，在觀想的同時，止的工夫也漸漸增強，心就能進入很安定的狀態。這樣用方法，不但能達到止觀等持所起的慧觀，也能斷除煩惱根。

所謂多聞熏習、如理思惟，雖然思惟是學習佛法的必經歷程，而且直接思惟也能斷除煩惱根，但是多數人的思惟，其實是停留在意識層面的思考，如果要略過修止，直接以思惟作用觀慧，往往容易落入想像，這點必須多加留意。

依佛法智慧斷煩惱

有些人進入色界禪定或無色界的四空定後，就安止在那個境界，而不發慧。我們知道禪定是止觀均衡，定慧皆很安定而有力量，那為什麼很多人坐禪不發慧呢？

一是不願意，因為止境太令人喜悅了，而不捨離開；二是無法，因為沒有佛法。

沒有佛法的教導做為依據，就不能如法地做觀想。當然，有的人或許有其他的理論可以幫助他們觀想，但只要不是佛法的智慧，所做的觀想便無法發揮斷煩惱的作用。

因此，止和觀，所觀的必須是佛法，才是究竟的智慧。戒、定、慧三學，定和慧必須結合起來，這就是為什麼佛法六度中，在禪定波羅蜜後，緊接著是般若波羅蜜，因為禪定之後，一定要依智慧修行，才能徹斷煩惱。

反過來說，如果具有止的工夫，之後要起觀想，卻無佛法智慧做引導，所做的觀想就不能成為慧。這是因為所觀的道理不夠深徹，也非真諦，一來無法斷煩惱，再者，這樣的工夫也只能停滯在定的層次上。在這個層次上，也許會有神祕的體驗或經歷特殊的狀態，但這些都不是智慧，智慧必然相應於佛法，即無常、無我、空的道理。

由此可知，把握佛法的般若智慧非常重要。我們每日所課誦的《心經》，談的就是智慧，這個智慧不僅是觀想的所依，更是解脫煩惱的關鍵。了解這一點後，大家要好好學習佛法，待日後用功達至統一心了，要做觀想時，起觀才有下手處，最終才能開發出究竟的般若智慧。

將佛法轉為生命智慧

我們目前主要偏重在定學方面的練習，這些練習名為「禪修」，其實談的都是修止、修定的方法，藉著這些方法把心調到很安定、清明、敏銳的狀態，之後才能進一步修觀、修慧。

定和慧、止和觀都是修行很重要的部分，也是所有佛法修學必談的內容。凡是要真正地深入佛法修學，體驗最核心的智慧，趨向終極的煩惱解脫，就必須通過更深的修行方法，此即定學法門，也就是禪修。

學習佛法之初，一般會較偏向慧解的理解方式學習，即是在理論上先知道什麼是佛法，明白佛陀覺悟的真理是什麼，通過對這些真理的理解來修正自己的行為。在這個階段裡，我們會吸收各種佛法知識與道理，來源為老師的講解，以及包含經論在內的各種佛學書籍，通過涉獵種種外來知識，建立起對佛法的認知。由於這些知識是由外而來的一種理論，我們吸收之後，雖然覺得這些理論很好，講得很深刻、豐富，但也發覺不容易應用到實際行為，這也就是「知易行難」。

但如果我們認定這些理論知識很好，並對人生有所啟發，自然會設法實踐。我們會經過思惟來吸收佛法知識，讓佛法進入內心，這部分屬於意識的思考作用。我們透過不斷思考，有些知識漸漸地會成為看待事物的一種觀點，這就表示我們不僅接受了佛法的道理，還消化了它，這些道理已然成為自身的想法與觀念，讓我們可藉此處理許多事。

在成長過程中，老師、父母和身邊許多的人，都會灌輸很多觀念給我們。我們很多的行為就是從此學習而來。當我們學佛以後，佛法會逐漸從外在的知識消融為內在的知見，這表示對佛法已有一種內在的理解，可以成為看待事物的一種角度，並幫助自己看得更清楚。當我們發現用佛法的角度能把事處理得更好，內在的佛法知見就會更穩固；但漸漸地會發現，即使知道這樣的知見有用，卻很難把佛法知見完全地發揮，此時便會明白調心工夫的重要。

通過調心的工夫，我們才能以安定、敏銳又清明的心，印證所學的佛法，體會佛法義理的深刻，了知佛法所傳達的訊息是通徹宇宙的真理。能夠如此，佛法就會成為我們的生命智慧，因為已與我們的身心融合了。當我們遇到問題時，佛法的智慧便能自然地發揮力量，協助解脫現實生活的煩惱與障礙，這正是修行所要達到的終極目標。

卷五

以般若波羅蜜引導禪修

修學般若波羅蜜的方法

修學佛法的順序，主要可分為三個步驟，第一步是從外在吸收佛法知識，透過思惟轉為知見；接著是透過修止和修觀的方法，深化佛法知見的力量；最後終能體驗、印證佛法，成為智慧。有了智慧，即可解脫煩惱，完成佛法修學的終極目標。

大乘佛法認為學佛從理解、轉化，到進一步體驗佛法，這些都是屬於智慧領域的學習；但是大乘佛法的慧學未使用漢文「智慧」一詞為名，而是保留梵文原文 prajñā，音譯為「般若」。

大乘佛教修學般若的三個次第

大乘佛教修學般若的過程，可分為三個次第：一是文字般若，即知識；二是觀照般若，即知見；三是實相般若，即智慧。般若雖劃分為三個次第，三種般若實則彼此間可以相容，為了讓行者清楚三者各自的運作重點，而有名相上的分別。

1. 文字般若

所謂文字般若，意指通過語言與文字，協助人們理解般若是什麼。文字般若已屬於六度中的般若法門，我們現階段的課程較重視禪定和般若，所以次第上會先透過文字般若，讓大家對整體佛法先建立起一個明確的概念與理解，由此引發進一步學習更多、更深的理論與實修。由此可知，文字般若是修學般若法門非常重要的一段過程。

人類與其他眾生最大的不同，在於人類擁有非常活躍的意識與豐富的文化。文化最核心的部分，就是語言文字，因為有語言文字，人類才能學習許多的事物。

佛法現為世間的一種現象，既是宗教，也是文化，而佛陀做為一位降生於印度的歷史人物，他通過當時的因緣，覺悟了真理，也必須以他所認知的語言來傳達這些訊息。

佛陀身為王儲，在成長學習的過程中，對語言文字的掌握，具有高度的造詣。由於當時的印度，雖以梵文為核心語言，但僅限於貴族使用，實際上，並未有一個很定性的語言文字，各地有許多不同的方言。因此，佛陀傳法時，隨著他傳法地區的不同，為接引不同的信眾，使用的語言也會因地制宜。佛陀涅槃後，最初的經典結集，仍是以語言為主，之後為考量到佛法的長遠傳承，文字是更為有效的工具，而始有文字經典的紀錄。

佛陀涅槃百餘年後，阿育王帶來佛教的榮景，當時佛教不僅廣傳於印度，更傳播到亞洲各地，包括當時的西域諸國，即現代中東一帶的國家，這些國家也都用各自的文字傳播佛法。

佛教經歷千年流布，現今的佛教依語系區判，可分為三大系統：

(1)南傳佛教的巴利語系統

巴利語是古印度方言，屬於印度語系的直系傳承。

(2)漢傳佛教的漢語系統

佛教經典傳入中國，翻譯為漢文典籍。漢文也可稱為華文、中文，因佛教是在漢代傳入中國，所以採用當時所用的文字「漢文」名之。

(3)藏傳佛教的藏語系統

藏語最初只有語言，沒有文字，藏文的建立與梵文譯經所需有直接的關係。

隨著佛教傳播日廣，漢傳佛教傳入了日本、韓國、越南後，便衍生出日文、韓文、越南語系的佛教，乃至佛教西傳，西方各國使用已翻譯過的經典，再譯為各自語言的佛書，或是通過不同的語言，傳達佛法訊息，再將這些訊息結集為各自語言的書籍，從般若的角度來看，這些都可歸納在文字般若之內。

文字般若是學習上必要的工具，這個媒介能幫助我們理解、建立知識。通過語言文字建立的知識，雖是比較外在的，但這個外在的學習非常重要，畢竟如果沒有語言文字就無法傳遞訊息。因此，佛陀很重視語言，乃至後來經典結集，語言與文字並用，文字對於佛法的傳播與傳承，發揮了相當大的功能，之後再經翻譯，留下了更加豐富的文字，這些都是我們學習般若，必要通過的媒介。

佛教很重視文字般若，雖然禪宗說「不立文字」，但意思並非指不用文字，而是要懂得善用文字，而不為文字所縛，這部分則屬於另一階段的般若了。至於文字般若，始終是學習般若最基礎也最關鍵的程序，可以說要入般若門，就必須先經過文字般若的學習。

雖說文字般若很重要，但語言文字也有其局限性，此限制主要反映在兩種情況：第一種情況，運用語言文字傳達訊息時，未必能把真實的狀況完整地表達。舉例來說，一個人即使對佛法有很深的體會，當他要將體會的內容以文字形式表達出來時，仍然會受到本身對文字掌握程度的限制。以我為例，假如我講課能以英語表達，那麼以英語為母語的聽眾，就能很直接地接收訊息，但英語表達對我來說，是很大的障礙，所以只能用我熟悉的語言來傳達訊息，至於訊息是否能傳達地足夠完整，這本身也是一個障礙與局限。

第二種情況，即使我把訊息傳達得很完整，但聽的人能否通過語言文字，完全了解並吸收，這也是一個障礙。此外，如果受到不同語言文字的限制，有人聽不懂我說的話，那就需要經過翻譯。但凡經過翻譯，那就不僅是文字與文字間的差距，而是文化與文化間的差距了。想要跨越不同文字之間的鴻溝，相當不易。

古時高僧將佛法從印度傳到西域，再傳入中國，當時西域有許多大大小小的國家，各自用自己的語言傳法，傳入中國的佛教經典有一部分即是從這些國家而來，所以這些典籍是從梵文譯為西域諸國語言，再譯為中文的。當然，也有直接從梵文譯為中文的經典，如鳩摩羅什大師、玄奘大師都是將梵文譯為中文。但即使是譯自梵文，在翻譯的過程中，譯經的大師們也都發現語言本身確實是障礙。畢竟，中國與印度文化兩者有很大的差異，反映在文字應用上，中文譯本便無法直接通順地傳達梵文的原意。經過了上千年的中國佛經翻譯，如今收錄在《大藏經》中的經典，也並非部部皆翻譯完美，尤其是初期譯本，有不少缺陷和闕漏，或有用語不準確的問題，而這些都可算是文字轉譯上的正常現象。

在經典漢譯的過程中，祖師們以智慧消化經典的內容，並以自身的文化與文字來學習佛法，也因此，漢傳佛教與印度佛教已有頗大程度的不同。中國人將傳入的佛教消化、消融後，再經過創作與提昇，已然形成中國人自己的佛教。

了解文字般若的功能與局限後，大家在學習上就要充分發揮文字的功能與優勢，以補不足。接下來，要從文字般若轉入觀照般若，就必須突破文字的局限，通過更內在的修行，準確直接地體驗文字般若所要傳達的核心訊息。

文字般若做為一種智慧，能夠帶領我們趨向解脫，即大乘佛法所謂的「成就佛道」。《心經》便提及：「三世諸佛，依般若波羅蜜多故，得阿耨多羅三藐三菩提。」諸佛菩薩依「般若」故，得以修得種種境界，而這些描述般若的文字，內容指涉的即是出世間的智慧。

般若涵蓋的內容，除了像《心經》是偏重在引導眾生出世間、成就佛道的智慧，還有一些是較偏向世間的智慧，兩者皆具有重要性。而我們現在所用的方法屬於禪觀法門，因而所談的般若內容側重在趨向解脫、出世間的面向。認識了般若的內容，再來談般若的運作，也就是「觀照般若」。

2. 觀照般若

「觀照般若」之所以用「觀」與「照」這樣的字眼，是為說明修行技巧必須具備較深的禪定工夫。

禪定除了有止的作用，也包含觀的作用。如果進入到色界定、無色界定的禪定境界後，即停留在止境，如未更深一層與般若相應，就無法進入觀照般若，當然也就無法實證實相般若。假如所用的方法或所學的佛法內容，不屬於般若，自然也無法通過觀照的方式實證般若。

禪修者不能只停留在禪定技巧或方法的運作，必須相應到般若的內容；至於一般學佛人，如果所學的佛法只是相應於世法的內容，而未提及出世間的般若智慧，所學將只能停留在世間善法或世間佛法的實踐而已。

觀照般若應含括兩個面向：一是技巧，二為內容，必須兩者結合，也就是從文字般若、觀照般若到實證實相般若，才能完成修行的終極目標。我們現在所傳達的佛法訊息，基本上都還在文字般若的層次；大家在禪堂的實際運作、練習，則偏向於觀照般若，而實相般若，則是印證、覺悟後，才能親身體驗，唯證方知。大家只要把握好「文字般若、觀照般若、實相般若」這樣的修行程序，就能正確抵達修行的終極目標。

3. 實相般若

大乘佛教以「般若」一詞，涵蓋了文字、觀照與實相般若，至於般若談的究竟是什麼呢？《心經》已用最簡易、但最精要的方式，將般若的內容完整地說明，不知大家有沒有念懂呢？從《心經》的角度談般若，其實就是很簡單的一個字：空。般若就是空，空既是般若的內容，也是般若的功能。所以，空了之後，般若發揮出功能，就能夠度一切苦厄。

所謂的「實相般若」，也就是空。「空」這個字是佛教發展到大乘佛教後，才開始廣泛應用的，至於早期的經典，空字並未如大乘佛教用得如此透徹、完整。而初期佛教的慧學，主要談的是無常、無我，內容較接近空無的概念，其實我們現在學習的佛法對此也很重視。

「無常」從字面理解，意指世間所顯現出來的一切現象，都處在流動的過程，因為是流動的，也可用「行」字形容它，即所謂「諸行無常」。

諸行無常是從時間的角度，看一切現象的存在，都在一種非常快速且持續變化的「行」的過程。人往往只能看到比較大而明顯的變化，只能接受自己能夠感知到的部分，這些變化便稱為無常。但實際上，一切現象皆處於時間流動的過程，包括那些細微到身心無法感知的變化亦然。

「無我」的「我」這個字眼，最容易引起誤解。我們一般說到無常，自然知道說的是變化；但說到無我，「我」就牽涉到每一個眾生內在最深的執著，即自我意識。

事實上，所謂無我，「我」不僅僅是有情的一種自我執著的心理作用，其指涉的範圍更廣，包括一切法在內，一切有情、無情所顯現出來的現象與其存在狀態，皆非實體，而是眾多條件、因緣的組合體；更深細來看，組合出種種組合體的作用本身，其實也是組合的。因此，究竟來說，並沒有一個所謂最小、最原始的單位，因為這個單位也是組合性的。

無我的內容也涵蓋無常，說明一切皆流動變化，無永恆性；又因為沒有實體，是組合的，而無獨一性，也非單獨存在。如果能單獨存在，它就會是最細微、最原始的一個單位，而無我則否定了這樣的存在可能性。

般若的緣起法則

歷代祖師們以大量文字、觀念與譬喻，說明無常、無我。因為一般人的慣性認知，仍是趨向於認為，應該有些東西是恆常的，有些實體是可以單獨存在的，甚至有些哲學會試圖在一切變化的種種現象與組合體中，找到一個最內在、不變的、可以持續永恆存在的東西，而在佛法的說明中，則是把這些都空無掉，認為沒有永恆不變、獨一的實體存在。這樣的說法，是依一個原則所建立而成：緣起法則。

諸法因緣生，諸法因緣滅

緣起法則，即佛陀對弟子們所說「諸法因緣生，諸法因緣滅」的道理。這個道理從文字上來看並不深，對大部分人來說，這個觀念是很容易明白的，但在修學佛法的過程中，我們卻仍常常掉入既有的意識形態裡。修行時，如果無法真正地通過觀照去覺悟無常、無我，就不能證到實相般若。可以說，實相般若就是無常、無我，大乘佛法則將其統合，稱之為空。

有些人聽到無常、無我的法則，心理上會產生抗拒，因為內心深處有很深的執著，認為有一個「我」。即使很多哲學與宗教告訴我們這個世間的確不斷地在變化，但若是變化中卻無一個實體，我們可能就會失去生命存在的意義。所以，我們希望找到一個恆常不變的實體做為生命的依靠，讓人感到生命是有意義、有價值的。這個渴望是大多數人內心深處都有的強烈執著，許多禪修者也不例外。

也因此，禪修時，很多人對於自己過程中得到的體驗，非常執著、放不下，即使我們一再提醒大家，打坐時要把身心安放在當下，當下因緣顯現為何種狀態都接受它，過了之後，就放下它；但在實際情況，很多禪修者的心裡深處都希望好的體驗可以恆常存在，甚至希望它是一個實體可以擁有。所以，對於無常、無我的觀念會產生一種心理抗拒，希望最好不要如此，即使表象上看到外在的無常變化，覺得這些無非就是一個現象，尚可接受；但若變化的過程中，沒有一個不變的內在，當變化讓一切都是可能失去的，一切還有什麼意義呢？生命又有什麼意思呢？從個人現有生命的角度，很容易生起這樣的想法。

人都希望自己的生命可以恆常不老，所以自古以來，許多人追求讓自己長生不死，但又無人能做到，於是就把精神寄託在生命最內在的一種作用，希望它是不變的，具有實體性。有的人修行就是為了能證得內在不變的實體，由於無法做到，便將希望投射到外在的作用，比如「天」的概念。人看到所有的東西都在變化，唯有天看起來是沒有變化的，認為天可能是一種恆常的、具實體性的存在，於是我們希望「天」這個「大我」，可以和「人」這個會變化、會失去的「小我」結合，成為永恆不變的實體。也有人把這個希望投射到其他的存在力量，認為這個力量是一個實體，具有永恆性，只要這個力量能照顧我們，而我們的心也能與它相應，就能得到永恆的實體。

這些希望可說是絕大多數人的想望，因為我們無法抗拒世間的不斷變化，不會有一個永恆存在的實體，內心深處自然而然地生起這種願望，希望生命體可以是永恆的、不變的、具實體性的。因此，當佛陀提出無常、無我的觀念時，必須要很有智慧地去傳達這些訊息，因為他的一些弟子也可能長期在追求所謂永恆的實體，並已累積了滿深的修行，有過一些體驗。然而，他們在追求的過程裡，發現自己的心並無法安定下來，原因就在於他們仍在追逐一個永恆不變的實體，直到佛陀直接告訴他們「諸法因緣生，諸法因緣滅」，一切都是無常、無我的，才終於把這樣的一種追求與執著徹底放下。一旦放下，他們發現自己的心解脫了，此時所證得的就是實相般若。

突破心理障礙，證悟實相般若

證悟實相般若的成就者，如何把證悟到的訊息傳達出來呢？同樣是通過文字。只是很多人看到這些文字，發現它們和自己所追求與期望不同，而產生抗拒，這是千年來弘揚佛法的過程中，不斷重複遭遇的問題。

學佛人要能透徹明白這個道理，印證後再傳達出去，實際上是非常不容易。也因此，這麼久遠的佛法傳承，固然有許多人願意相信佛法的道理，而且願意修行，但真正能證到實相般若者，其實是不多的，因為多數人仍執著於常我之見，而這樣的心力輪迴讓人生生世世地追求一個永恆不變的自我，直到有一天發現，世間萬法果然是無常、無我的，才能從追求中解脫。修行上，很難做到這樣的解脫，因為人在理解般若時，會遭遇許多心理上的慣性與障礙，以致於無法透徹理解這麼簡單的道理，並透徹地去印證它。

佛法文字般若的核心是諸行無常、諸法無我，從文字的表層意義理解它，會以為道理不難，可是一旦要依理修行卻發現不容易，因為在生活實踐時，會遭遇思惟的慣性障礙，而無法運用所知道理解決煩惱，這就是「知易行難」。一開始學習，以為「知」很容易，當要「行」出道理才發現困難重重，所以要將道理應用於日常生活，才明白在理解上確實存在了障礙。

佛法說無常，可是人的慣性總是想在變化中找到一個不變的實體；佛法說無我，而人總是想找到一個「我」，做為生存的所依。即使透過理性分析，知道一切事物的可分解性，現代科學也告訴我們無法通過分解得到一個最小單位的實體；但這只是理論上接受了無常、無我，實際上，我們的內心深處還是希望不論哲學或科學，最終能找到一個不變的、實體性存在的論據。

基於這樣的心理，學佛就會產生理解的障礙。我們甚至會覺得如果一切法真是無常、無我，生命中的種種奮鬥有何價值？為何要辛苦做事？於是最終那些我們努力建立起來的生命價值觀，都會全部瓦解。有些人因此會在心理上抗拒無常、無我的理論，不想認同它，這便形成認知上的一種障礙。心理上不但抗拒它，甚至還認為是我們不該接受的消極觀念，因為一旦接受了，人生也會變得消極。由此想法可說明人究竟的心理，還是認為應該有「常」、「我」，如此生命才有值得奮鬥的目標與意義；如果是無常、無我，就和我們認知的一切價值顛倒，所以不願意接受，更不想理解。修學來到這個階段，方知要真正地「知」，實在不易。

佛陀時代有些人一聽聞佛法就能立即接受，並因此證得解脫。佛滅後迄今，歷來許多學佛人也能一聽聞佛法，便感到相應而完全接受。大家是這樣的學佛人嗎？大部分的學佛人對於接受與不接受佛理之間，存有許多疑惑。知道佛理講得通，但心裡又希望不完全如此，而對佛法產生很多疑惑。正因為佛法的法則與理論的建設確實不易，要克服這些障礙，完全接受佛法，就需要更進一步地修學。

歷來論師們為了讓修學者理解佛理，做了很多分析，甚至成立不同學派，從不同角度說明它。學派之間也會透過辯論將道理分析得更清楚，讓修學者從中找出相應的角度與層次，依理而修行。行至這個階段，即進入觀照般若的修學次第。

要注意的是，雖然般若有「文字、觀照、實證」的修學次第，佛法戒、定、慧三學與六波羅蜜，也分別將慧學與般若放在最後的層次，但實際上，初學佛法時，般若即已開始引導我們，直至完成佛法終極目標，我們仍是依證它。簡單來說，般若貫穿佛法修學的每個階段。

至於實證般若的過程，慧一定是在定後，方能完成。也因此，在觀照般若階段，修定是必經的重要程序，如果缺少此一步驟，則無法理解般若，更遑論實證般若了。

無常、無我，是佛陀告訴我們的原理，也是最原始的觀點，至於大乘佛教時期，則將這些理統合起來，以「空」字概括。對於空字，有些人認為所傳達的仍是一種消極的觀念，因為他們將空當作「無」，就是「沒有」的意思，抱持這種觀點的人會把佛法視為一種虛無主義。但事實上，空所傳達的訊息，其實是讓我們知道一切現象都是因緣生、因緣滅，此即佛法最核心的觀念——緣起。佛法談緣起，是從世間的現象分析，發現所有現象的顯現，皆緣於各種因緣條件的聚合，這些因緣條件在不斷組合的過程中，現為不同的現象。

超越現象，深入本質看變化

人通過五根接觸到五塵。五塵包含人自身的生理作用、所依住的世間，以及種種外在現象，因為我們看到、聽到、碰觸到，而且感知到了，所以顯現出來的現象都是確實存在著的，這是人的意識作用所意識到的事實。

緣起的觀念並不否定現象的存在，空並非沒有，甚至相反地，我們會感覺有些事物非常真實。這種真實感主要來自於事物存在的時間，有的是長時間地存在，長到讓我們覺得似乎沒有什麼變化。佛法以緣起觀說明這個現象，只要在因緣具足的狀態下，現象就會生起並顯現。只要是人感知到真實存在的事物，就表示它們處於存在與延續的過程，變化過程是很內在的，甚或不會顯現出變化來；但只要我們超越表象，深入其內在本質，便會發現它們的確在變化，包括許多我們感覺真實存在，或乍看沒有變化的東西，實則都在不斷地變化，只是這種變化不會現出太大的突變，突然改變整個面貌。這是我們依住的器世間，大部分事物所顯現的狀態。但也因為變化甚微，人很容易執著這些事物，必須經過一段時間後，才能發現它們確實在變化。這是人認知上的缺陷與障礙，很難超越現象，直透本質。即使現代知識告訴我們一切都在變化中，理性上雖知，但在認知作用中，並不容易看到這些變化，聽覺相對容易些，因為人能聽到聲音不斷在流動，往往是在事物發生了急遽的改變時，才發現原來它們真的一直在變。

佛法以緣起的角度，直透本質談無常、無我與空，都是要我們先認識、接觸一切事物存在的現象，再更深一層去觀察，發現它們果然是存在的，但並非永恆性、實體性的存在，而是各種條件不斷變化的組合體，了解必然的變化與組合性後，我們才能明白佛法所談的無常、無我與空，究竟在說什麼。換句話說，不能直接講這些道理，否則人會產生抗拒的心理，一聽到空，就以為是說所有事物都不存在，而必須先通過前六根識的作用，認知事物的存在，然後再進一步分析性質。例如《心經》說「照見五蘊皆空」，五蘊就是「色、受、想、行、識」五種組合體，要先知道它們的功能，了知確實都在組合與變化的過程，如此便能相應無常、無我的道理，最終深入照見空性。

依中道而行

說「空」時，要先說一切現象並非「沒有」，再說它們也非「有」。之所以如此解釋，因為人的認知作用，一旦說「有」，便會認為現象是不變的實體；說「沒有」，則容易否定一切事物的存在，兩者皆落於邊見。執著於兩邊的邊見，是不合中道的。

有些人聽聞大乘佛教的空義，覺得非常高深玄妙，繼而想到如果一切都是空，那就什麼都沒有了，這是一種多美好的感覺啊，這個道理說得太好了！結果，許多大乘佛教的修學者，尤其禪宗的禪眾，整天想像著空，把空當作一種「沒有」的作用，想方設法要印證它，以為只要證到空，就能把所有一切都否定掉，就能開悟。這是一種偏於「沒有」的邊見。這樣的認知，缺少了對因緣生的理解：緣起組合的現象是存在的，是一種組合性與變化性的存在。

弔詭的是，偏於「沒有」的邊見者，內心深處其實認為「空」是真有的實體，並且希望這個實體不要變化，他們不僅偏於「沒有」，也執於「有」。正因執於有，面對煩惱與問題便很難變化，於是問題就緊緊跟著他們，而無法解脫。

落於有見而苦惱的人，一聽聞空義就彷佛忽然解脫，而急於要用這個道理將那些他們深深以為存在的實體全部丟掉。至此，他們又掉入空無的狀態。這樣的人會在打坐時，想像自己證到空了，所有煩惱都沒有了；可是一回到現實生活，煩惱又全部起現行，而感到煩惱是一種真真實實的存在。

其實，大多數人的心理，都是在這兩邊游移，既認為內心放不下的東西很真實，在知道佛理後，又想把這些東西空掉，比如說煩惱。人往往就是在這心理的兩邊，不斷地來來回回移動。會在兩邊不斷移動的人，表示他們並未透徹理解佛法的核心義理——緣起法則。

緣起可說是佛法最核心、最重要的觀念，它說明了所有現象會在因緣具足的狀態下存在；然其存在的性質，是組合性的，而非實體的，所以是處於不斷流變的過程中。如果能依緣起觀的角度，認識一切事物的作用，就不會偏於一邊。因為我們知道既然存在皆是因緣生滅，而且不斷變化、組合，所以本質為空。所謂的「空」，不是「沒有」，因為仍有隨因緣生滅而存在，並且顯現功能的過程；卻也不是「有」，因為因緣有生，則必有滅。所以，不能停留在有的執著，也不能停留於空的執著，如果執於空，就會落入虛無的觀念，這又是另一種執著，讓人無法回到現實生活，面對自身的問題。

明白緣起的道理很重要。佛法不論是從現象切入，或從本質著手，都是要讓學人通過緣起的道理明白兩邊，並發現兩邊實是一體兩面。認識到這一點，就不會在兩邊不斷游移，而能找到一個貫穿兩邊的平衡點。回歸到日常生活，則不會執著於種種存在的現象，同時也不會落入虛無的狀態，因為我們知道因緣既生，則必有存在，但不會執於存在，而凡存在，定是不斷地變化，本質必然是空。能做此理解，就不會落於任何一邊。

不落於任何一邊，即佛法所謂「中觀」，或稱「中道」，意指能同時看到兩邊的作用，並且理解兩邊的統一性。了知中觀的行於中道者，他們知道所有煩惱與種種雜染的現象，都是因緣生滅，所以是無常、無我，本性為空。如此一來，一方面能在現實生活中，保持一個清淨的、空的心，而不被外境種種現象所干擾；另一方面，他們也清楚知道在因緣生滅的過程中，這些外境並非不存在，所以在面對的同時，也能解脫。若能在修行中印證到這樣的實相，即進入實相般若。

當然，在這些修行的過程中，也必須有文字般若的說明，而要理解這些語言、文字並不容易。因為在說明的過程中，必須有先後的次第，然而在說明上，一旦有先後，學人在理解上可能就無法直接貫通這些道理。因此，必須調和心，讓心安置在統一的狀態，唯有在心非常安定、敏銳時，方能直接貫通兩邊。由此便凸顯了禪修的重要性，唯有修習觀照般若，也就是修定後，才能證得實相般若。

禪修必須依般若而修

我們已介紹了般若，也談到禪定波羅蜜與般若波羅蜜，此二波羅蜜，實是大乘佛法行菩薩道最重要的兩個部分，卻也是最深、最不易修行與體會的部分。

正見是修行的依據

我們之所以必須認識禪定波羅蜜與般若波羅蜜，是因為禪法在佛教東傳逐漸形成中國本土宗派的過程中，禪宗即成為非常重要的一宗。禪宗表面上以禪修為中心，可是禪修必須依法而修，所謂的「法」，即是般若。整個大乘佛法皆是依般若而修，因此，中國佛教所謂的「禪」，才是完整的修行。

特別提醒大家這一點，是因為如今佛教雖廣傳全世界，但不論東、西方的學佛人，如果未建立起正確的知見，在缺乏法（般若）的引導下修學禪法，將很容易掉入修行的誤區，而僅把禪法視為一種技巧。

修行禪法的技巧，不但能幫助我們在調身、調心的調和過程中，享受放鬆和輕安，有的人甚至能獲得一些比較神祕的體驗，感受到從未體驗過的內在喜悅境界。然而，有的人在有此經驗後，便執著於追逐神祕經驗，更有甚者一提到「禪」，便以為是在追求這些神祕體驗，其實兩者皆是掉入修行的誤區。

神祕體驗大略可分為兩種：第一種是在身心調和過程中，自然顯現於身心上，產生前所未有的感受；第二種是於意識中出現，為過去不曾有過的經驗。兩者對於常人來說，都很神祕、玄妙，而讓人想要繼續追逐類似的體驗，但是這些神祕體驗，其實都是一種幻覺的境界。

舉例來說，當佛教剛傳入西方世界時，很多年輕人都是靠酒精或吸食藥物，追求他們自以為是的禪境。他們把禪修的身心狀態，類同於酒醉或吸食藥物後所產生的幻覺，會讓人進入一種興奮、狂喜，甚或以為禪與這些刺激物之間互有連結，以致沉迷於種種外來的刺激物中，這是非常嚴重的修行誤區。

相較於上述誤區稍輕者，是將追逐神祕經驗或身心的輕安、放鬆與喜悅視為禪。其實，這是修定過程中，調和身心自然發揮的效果，雖然會得到一些特別的體驗，但是修行如果沒有建立起明確的方向與目標，這些體驗都可能成為一種迷惑，讓人掉入修行的誤區而不自覺。

禪的體驗無非是修定過程中的自然現象，我們平日做運動也可能會產生類似的喜悅反應。禪宗的建立，雖然看似重視體驗，但實則更重視的是，禪眾們是否有正確的知見。至於實踐的部分，相較來說就沒有那麼重要。當然，實踐是必須要完成的，但實踐是屬於印證正見的一個過程。

正見是修行很重要的依據，原始佛教的戒、定、慧三學，具體實踐的內容「八正道」，即以正見為首，大乘佛教的修行核心則是般若。我們用了許多篇幅談般若，目的是協助大家建立對般若的全面認識，如此就能避免落入修行的誤區。

般若的重要性，在於讓禪修有了明確的方向與目標，讓我們知道禪修就是為了完成這個目標。至於要完成什麼具體目標呢？《心經》指出兩大重點；一是菩薩依般若，則心無罣礙，於是無顛倒夢想等煩惱，如此則可證究竟涅槃；二是諸佛依般若，則成就無上正等正覺，即圓滿覺悟。由此可知，即是修行般若所能發揮於身心上的作用與利益，指明了禪修非常重要的方向與目標。

由於禪修若無般若的引導，便容易掉入誤區，因此，歷來禪宗祖師們不斷地探討般若，而留下了許多語錄和經論，其中的《六祖壇經》是談論得很完整的一部經典，因此成為禪修的重要依據。

凡修學大乘佛法，必得了解禪定與般若，只是這麼深的般若很難直接了解，所以得通過修行來體會，先從淺的道理起修，再循序由淺入深。當修行至般若時，已是很深的道理了，而這甚深般若是最重要的禪修指引，至於淺的道理，則可以輔助禪修，幫助行者更好地建設禪修基礎。所以，道理無論深淺，都必須涵蓋在整個修行次第內，如此才是完整的禪修。

要注意的是，佛教早期也有禪師直接以空義引導禪修，但由於許多學生對空的義理不甚了解或有所誤解，以致於修學時，是朝空無、虛無的方向學習。由於他們對空義一知半解，加上結合了自我意識的想像，便容易進入比較虛幻或空無的體會。當然，這樣的體會，並非真正禪修所要體會的空義。

因、緣、果是自然法則，無有好壞

空、無常、無我的道理，皆是依緣起的法則來理解。緣起必須回到現實生活中觀察，才能進一步地更深層理解。簡單來說，緣起就是一切現象皆是因條件組合而顯現的，依此延伸便有無常、無我的法則。

從緣起的生滅現象來看，現象之所以能顯現，是因為有各種主要與次要的條件組合，主要與次要條件即為「因」與「緣」，而顯像的現象則是「果」。

這樣的道理，不論是以先進的科學檢視，或放在日常生活中觀察，皆是合法合理的。因此，因、緣、果可說即是世間所顯現的一種秩序。舉例來說，一顆種子只要有土壤、水分、陽光，就能長成樹，並且結果。這是一個簡單的直線過程，從種子這個因加入其他外緣，最後形成一個果報的顯現。從此例反推回生活，便會發現現實生活的所有現象，都是如此運作，一定要有一個主要的條件，再配合其他次要的條件，方能形成一個現象的顯現。

種子可以視為一個「果」，並往前追溯其所從來的「因」，必是前面還有條件組合的緣，方能形成。當果形成後，不會是最後階段，會持續照著「因、緣、果」的程序循環，果又變成因。所以，種子能長成樹，對樹而言，種子即是它的因。將種子的例子推而廣之，事實上，整個世間現象皆是如此，皆處在因、緣、果的不斷循環中。

所有的現象都能用這樣的程序與理則來理解，其中的關鍵點即因、緣、果的顯現過程是一自然法則，本身沒有所謂好或不好。換句話說，某一類種子長成的果，即使每顆種子的因緣條件不同，長成的狀態或有差異，但是主要條件的因與所得到的果，必然相應，所以這個果的本身，並未存有任何好壞的分別。

果本身雖無好壞，然有情一旦產生了判斷作用，就會生起分別心。舉例來說，對某一類動物而言，看見可食用的果實，牠們會認為這個實是好的；而同樣的果實，假如另一類動物吃了會傷身，甚至死亡，便會認為這個果實是不好的。可見果（無情）本身雖無分別，但對食用它的動物（有情）則有分別。

無論有情或無情，其顯現皆依循著因果循環的程序，兩者的分別在於分別心。有情因識的作用，而有分別，在成長過程中，分別心加上價值觀，便產生各種判斷取捨。比如一種吃了有益健康的果實，我們會說它是好的，於是大量地栽種、食用它；反之，假如吃了會傷身，我們就說它是不好的，也因為分別出了好或不好，便會產生行動，好的就追求，不好的則抗拒。

再者，從有情所採取的行動中，也可見到好壞、善惡的分別。好的行動與善相應，不好的行動則與惡相應。比如一個人用善心栽種果實給眾人吃，大家吃了很開心、很健康，這樣的行為就是善的，而這樣的善行會讓眾人皆歡喜擁護他，這便是善行所招得的好回報；反之，如果一個人動了不好的念頭，栽種出有毒的果實，再用瞞騙的方式，欺騙大家購買、食用，導致很多人吃了傷身，這樣的行為就是一種惡行。這名栽種者只想要從中賺取利益，而罔顧眾人的健康，類似這樣的行為，在現今的商業模式中，可謂屢見不鮮。人一旦動了惡念，產生惡行，或許能帶來暫時的利益，可是只要被人發現這些惡行，大家就會起身反制，最終仍會招得不好的果報。

透過這些簡單的譬喻，希望能讓大家理解有情的因果運作方式。有情因為有情識與意志，念頭與行為便形成兩種方向：一種為善，為眾人利益著想；另一種為惡，為私利而傷害大眾。這兩種截然不同的念頭與行為，最終會感招到與相應的果報：善因得善果，惡因得惡報。

善與惡的分別，雖是藉外在因緣而顯現，但究竟來說，還是由心所生。從觀察我們自身也可發現當內心有了煩惱的念頭，就可能導致往不好的方向思考、行動；如果有善的念頭，則會往善的方向而去，也因此，一切的因緣果報，便有了善惡、好壞的分別。這一點放諸現實生活，觀察普羅的社會運作、人與人的交往與相互關係皆然，而這些仍不脫因、緣、果的運作法則。

從因緣果報循環，直透緣起觀

就因果法則而言，實際上，我們感知到的現象，本身即是果報的顯現，而這個果報的顯現，是由各種的因緣組合而成，在顯現的同時，又會由果轉為因或緣，促成另一果報的顯現，因、緣、果便由此相互影響，而循環不已。

這個道理說來簡單，但現象顯現的循環過程，實則非常複雜，我們多數感知到的是它的複雜性，卻很難看得清楚。因此，往往只能看到某些果報的顯現，但看不到它的因緣，於是就誤以為這個果報是沒有因緣的，或是突然發生的。但實際上，沒有無因之果，因緣一定是有的，只是由於許多複雜的現象，讓我們無法直接感知到它。

因此，必須通過理性的思考與現象的觀察，方能從中窺見因果法則的運作。因為所有可見的果報，必然是由因緣的組合而顯現，而在果報顯現後，即轉為因或緣，後續再形成新的果報，「因、緣、果」彼此間即處在相互影響與推動的運作法則中。只是人往往只能看到、感知到因果法則的一小部分，也因所知所感的不完整，所以會對因果法則產生誤解，無法透徹地了解，這就表示我們還沒有足夠的智慧了解它。

因果的道理，實則就是佛法的道理。佛說法的目的，即是要幫助人，從複雜的因緣果報運作，爬梳出一個道理。學佛的過程，也就是了知因果法則的過程。在此過程中，由於因緣果報的現象非常複雜，而有滿多解釋這個現象的不同說法，但隨著學習日深，漸漸地就能將這些道理梳理得愈來愈簡單，也看得愈清楚，最後便能從因果的顯現，整理出最終的法則——緣起。

緣起法是般若中較深的義理，需要我們更多的觀察，甚或透過他人的經驗、觀察與分析，來協助我們理解它。然而歸根結柢，所有現象的顯現，必然依循因果的理則運作，所以看到任何的現象，假如都能回到這個理則，就能把現象看得清楚一些。所謂的清楚，就是一種「慧」。當我們有了智慧，處理事時就能回到理論上來看待，儘管事件本身或許很複雜，但仍不脫因緣果報法則，清楚它的程序，就能依理去處理它，避免掉入衝動或無明的狀態，而衍生不必要的問題與煩惱。這是理解因果法則後，所能在生活中發揮的實際作用。

因果法則可從兩方面來觀察：一是時間，二是空間。

1.時間：前因後果的流動性

談到「因、緣、果」，我們要了解因果法則的普遍性、本然性與必然性。透過簡單的譬喻看因果的運行，可看出因果必有前後，前是因，後是果。當下顯現的現象，已然是果，而果之所以顯現，必有先前的其他因緣，這些因緣的組合，便形成了果。

例如，這次舉辦禪修課程，可謂一波三折。原本預計於二〇二〇年舉辦，卻因故延期，這就是因緣不具足，所以果報無法顯現。後來，又經歷了許多風風雨雨，今年終於各方的因緣都具足了，才能讓大家在此禪修。由此可知，一個果報的顯現，必先有其前因，方有後果。

當大家來此禪修的果報顯現後，這個果還會變成另外一個因。因為每一位參與者於課程中得到的種種學習與受用，對於未來的生活和人生發展，多少都會發揮一些作用。此外，這次參加禪修的果，會是促成各位下回再來參加禪修的因。如果大多數人都有意願明年再回來禪修，我們就會更有信心地籌辦下一年度的禪修課程，以實現這個果。

我們從中可知因緣的前後時序，會因著因果有先後，而產生「過去、現在、未來」流動的過程，「因、緣、果」便在其中不斷地流動、循環。在此過程中，人一方面招感果報，另一方面也同時繼續造因，因是朝往未來發展，我們預想著日後將會有符合期待的果報顯現，而設法讓各種因緣具足，以讓朝個預想的方向顯現為果。這是從時間的角度，了解因果法則的流動性。

2.空間：因果相互的關聯性

除了時間的流動，形成循環不斷的事相顯現，因果法則還可從空間的角度，窺見人與人之間相互的關聯性。人與人之間，有主觀與客觀的存在之別，以因果法則來解釋，表示人與人之間是相互影響的，即是有兩個存在的現象，假如互有關聯，則此關係便具有雙邊雙向性。

舉例來說，我們這堂禪修課程，一定有學生也有老師，師生之間的關係，即是相互性的。因為我是老師，相對而言，大家就是學生。站在老師的立場來看，老師似乎是處在一個比較主要的位置，因為必須要有老師，課程才能進行；但其實站在學生的角度來看，這樣的說法同樣成立，因為若只有老師而無學生，課程也不可能辦得起來。由此可見，果報的顯現一定是所有關係在彼此間產生的相互作用。

再另舉一例，就親子關係而言，站在時間流動的角度來看，孩子是父母的果，父母則是孩子的因。然而，如果從雙向的關係來看，父母與子女的關係，也是相互的，因為沒有生孩子的人，就不能成為父母。換句話說，父母的位置是因為孩子的存在而被賦予。從這個角度來看，孩子就處在主要的位置，因為必須先得有孩子的存在，才有父母的存在。由此可知，關係是相互且對等的，這是因果法則在空間的運作上，所呈現的必然性。

每個人都在不同的場合裡，與其相對的人，產生雙邊雙向的互動關係。站在自身的立場，我是主，對方是客，站在對方的立場，則對方是主，我是客，這是所有主客關係的存在樣態。

了解因果法則後，面對生活中的各種關係與問題，便能較好地把握，清楚自己應該處在什麼位置上。身在不同的位置，則必須承擔不同的責任，同樣地，與你相對的另一方，也有他必須要負起的責任，而一旦離開了這個位置，就可放下責任。

這一種相對關係，在現實社會中也是如此。中國人所謂的「倫理」，意指整個社會中的所有人都存有與他人的相互關係，每個位置有其一定的角色，並有應負起的責任。這個道理以因果法則的緣起運作來觀察，就能看得很清楚完整。

然而，很多人學習因果法則，往往只談流動的因果，因為這部分比較容易理解，但對於空間現實存在的現象，就比較忽略了，所以也要把握好這個部分。我們必須明白因果法則的重點，必須同時包含時間的流動性與空間中的相互關係，才會是完整的。

從倫理的結構而言，可以確定每一個人在結構中的位置與責任，如果當中有人沒有盡到他的責任，就會影響到整個結構而出現問題；反之，如果人人都扮演好自己的責任，結構就能保持穩定、平衡和堅固，由此顯現出因果關係中的每個人，皆有其重要性。

行善止惡以推動善的力量

既然過去的因造就現在的果，善惡行為會導致善惡的果報顯現，因而每個人自身造作的行為，一定會形成一種力量。若是善的力量，過程中結合其他善的因緣，就會顯現出善的果報。當顯現善的果報時，不論是造作者自己，或是所有與此果報有關係的人，都會得到好處；反之，果報現行若會傷害自己與其他人，則是惡的果報。

由此可知，在人與人的關係結構裡，如果每個人都把自己的角色扮演好，盡到該盡的責任，做好該做的事，這便是以善的作用發揮善的力量，影響所及，也會讓身旁相關的所有人雨露均霑。

善與惡在人與人的相互關係結構中流動，在每個人的造作所形成的果報裡循環。對己與眾人產生利益的為善，反之為惡，由此建立起社會的倫理。社會倫理即是善惡的指標、道德的指導，這個指導非常重要，因為指出了每個人在社會結構中所扮演的位置與角色。我們從中也發現當社會發展到一定程度，每個人的倫理與道德觀念會更加明顯，趨於一致，由此形成了法律，用以規範每個人的基本行為準則。假如這些準則運作順暢，就能呈現一個和諧的社會狀態；但假如有人沒把自己的角色扮演好，導致整體結構產生破壞與缺陷，或者沒有注入善的力量，讓結構更加平衡穩固，這個結構就可能會慢慢地鬆動、崩潰，產生種種動亂不安的現象。我們只要放眼現今世界，對此即能有深刻的體會。

大家了解了因果觀念後，就要回到自己本身，看自己在各種人我關係中，該扮演什麼角色，發揮什麼作用。事實上，這是修行很重要的一部分，也就是直接回到現實生活，回到做為一個人該有的修行。

從因果的角度，就能更清楚明白為什麼我們要行善止惡。佛法甚至進一步明確指出哪些行為有益或有害，以及哪些行為會形成什麼樣的結果。學佛人必須了解在日常生活中如何調和自己的行為，這是初學佛就一定要建立的基本觀念。

佛法談因果，不但有整體的因果運作法則，也會回到每個人的行為造作。佛陀指導大眾行善止惡，是從個人的行為，再延伸到群眾的行為。所以，談論善與惡的重點，還是要回到個人本身的運作。

《善生經》中的六方倫常

《善生經》主從個人為出發點，具體指出種種善行與惡行，指導人該如何把個人做好，以及應結交與遠離的人。佛陀在《善生經》中，是很直接的方式說明人與人之間的倫理關係，並提醒每個人要扮演好自己的角色，做好自己的本分事。

這部經典緣起於佛陀有日遇到一位名為善生的青年，他每天清晨都會遵照已逝父親的指示，到河邊沐浴並禮拜六方神明，祈求神明保佑他平安。佛陀覺得這名青年不但很善良，而且有孝心，可是問其父的指導有何深意時，善生卻不明所以。佛陀於是告訴他，每日的行為造作，應諸惡莫作，眾善奉行，應結交善友，遠離惡友，以此為他先建立起一個明確的個人道德觀念。接著，佛陀很善巧地告訴他：「不只你拜六方的神明，我們也拜六方的神明。」佛陀此說是順應眾生根性因緣而說。他知道若直接告訴善生，六方神明是虛幻的，這樣拜沒有用，他會對佛陀的說法沒有信心，甚至產生抗拒。因此，佛陀告訴善生，六方代表六個方位，每個方位都具有不同的意義：

1.東方代表父母

父母之所以為父母，是因為有了子女，所以父母與子女間的倫理關係，是雙向的。因此，對做為父母，佛陀提出了應如何照顧、保護，並教育子女之道；而對做為子女，也指點了應如何孝順父母、與之互動，讓父母老有所依，以及在成長過程中，如何配合父母的需要，好好學習、受教，勿令父母失望等的說法。

2.南方代表師長

此即師長與弟子間的關係。弟子對師長態度要恭敬，師長有命，弟子應服其勞，這是弟子對待師長最基本的態度；而師長對弟子，則應盡己所能傳授技藝，還要善於教導弟子立身處世之道，這是師長對待弟子應有的職責。

3. 西方代表夫婦

此即家庭中的夫妻關係。早期社會，男女地位較不平等，對妻子會有許多要求；但在佛陀說法中，不僅提到妻子應如何對待丈夫，也重視丈夫該如何對待妻子。由此可見，佛陀的教學不但重視平等，看待夫妻關係也是如此。

4. 北方代表親友

中國社會的親屬關係分得很細，對於父系和母系親屬的相對應關係、該如何稱呼，都有明確的規範，所以只要一講到稱謂，即可知對方是什麼人，與自己的關係為何；但佛陀在此並未做此細分，而是重點說明親戚間的關係應如何相互對待，以及朋友間應如何相互增長，哪一類的朋友該結交或遠離等。

5. 下方（地）代表主僕

此即現今所謂的勞資雙方。古印度的社會結構，主僕間有明顯的高下之別，主人一定較高，僕人則較低；但佛陀在當時即已強調主僕關係是相互的，在一定意義上也是平等的。

6.上方（天）代表宗教師

此即宗教師與信徒間的關係。由於印度特重宗教，所以宗教師在傳統的社會階級中，享有最高階的地位；但佛陀的指導，則將此上下分明的關係變為平等，指出宗教師應如何教導信徒，使其成為一名好信徒，而信徒又應如何供養宗教師，並向老師學習修行。

從佛陀的角度看六方倫常，皆是相對的因果關係。站在父母的立場，父母是因，子女是果；但站在子女的角度來看，子女是因，父母是果，因為有孩子的人才能稱為父母，假如結為夫妻卻無子女，就沒有為人父母的機會，也就無法站在父母的位置上，所以親子關係應該是平等的。夫妻之間也是如此，婚姻關係裡，必須雙方結合方為夫妻，因此沒有夫就沒有妻；反之，沒有妻，也就沒有夫，所以夫妻關係也是相互且平等的。同理，此相互平等性，六方皆然。

佛陀善巧言六方，包括了人生各方面的人際網絡與倫理關係，所以禮拜六方，便是提醒自己與他人互動時應有的態度和責任。

從緣起看社會結構：人人平等

佛陀在《善生經》裡，所要傳達的主要訊息是，從緣起的角度看整體社會結構，不但每一個人的角色都是重要的，而且在人與人建立相互關係時，每個人都是平等的。只是，我們也知道在現實社會要完全做到佛陀的指導，實在不容易，但佛陀仍給了我們很重要的啟發，即每個人都要在他的位置發揮自己的責任，如此人我關係方能穩定和諧。

所以，佛陀指導了善生後，也叮囑他工作後賺得了錢財，要分做若干份，一份供日常之用，一份儲蓄，再一份要拿出來做布施。懂得將錢財做適當地分配，生活就能保持安定，而不會失衡，出現某一部分的錢用得太多，某一部分的錢不夠用，諸如此類的情形。

雖然回到現實生活來看，很多人都無法做到《善生經》的佛陀指導，但是沒有關係，因為經典所述，主要是讓我們知道最好的狀態應該為何，這會帶給人力量與啟發，知道自己應該做得更好，以及如何做得更好。宗教的功能即在於此，它提供人們一個很高的標準，希望大家都能做得到，同時鼓勵並指引每個人盡其所能，做到最好。

《善生經》雖然沒有講很深的道理，也沒有提到了生脫死的方法，但卻是佛教一部非常重要的經典，因為它具體提到了社會的每個層面，並以個人為本位，指導每個人應如何做好自己，過好自己的生活。

以般若引導生活

禪修方法分為兩大類：一是靜態用功，以觀、數呼吸與念佛為主，靜態用功著重在心的專注作用上，輔以覺照作用來收攝、凝聚身心；二是動態用功，由於動態時，心較容易觸覺到身體或外境，故以覺照作用為主，輔以安定作用，以加強對所緣境的覺知。

動態用功必須落實於生活，這是禪法非常強調的觀念。因為唯有如此，禪法才能幫助我們在日常生活中時時保持清明與安定，而這對於身心的調和至關重要。以這樣的身心處理事務，不論在對事的判斷與對因緣的觀察，都會更清楚完整，也因此能把事處理得更好。

動態用功做為一種方法運作，雖然是一種技巧，能幫助我們保持身心清明安定，但類似的觀念與方法，也可見於心理學或某一些的身心靈課程。他們之所以重視這個部分，主要是能幫助人收攝身心，使人在身心清明安定的狀態下，把當下正在做的事做好，這點當然很重要，但這些觀念或方法若沒有連貫到般若，則所學的技巧，將無法引導我們趨向出世間的終極解脫目標。假如僅是用這些技巧處理日常事務，卻未建立起日常生活必須有的倫理與道德建設，即使禪定的方法與技巧用得很好，仍只會局限在一個範圍之內，而無法向上提昇，無法在現實生活中發揮更大的力量。

「因、緣、果」的法則，包含時間上從過去、現在到未來的流動，以及空間中的每個人所扮演的角色與相互關係，並由此衍生出善惡的觀念。將此觀念落實於生活中，我們就會考慮到自己每個行為造作的當下，往後延伸的是正面或負面的力量。人我關係中，在我們所處的位置與他人交流時，帶給對方的是裨益或傷害？這些考慮都很重要。

從善惡觀念的建立與確定，到實際施行種種的善惡法，就整體人生的角度來看，都是會直接影響到我們整個生命的一種修養；從佛法的角度而言，這也是重要的修行，假設禪修缺少了善惡觀念的建設，在日常生活中的運作就會失去基礎，以致無法拉升到更高的層次。

從禪修的日常運作，到善惡觀念建立的必要性，說明的是人際關係中種種造作所形成的力量，這是日常生活很重要的部分。如果沒有處理好日常生活問題，以為只要修行禪定即可，可完全撇開生活不理，這樣的修行不太可能得到受用，即使有些許受用，也會和社會與人生脫節。所以，必須從理解緣起法則開始，再將般若帶入日常生活，用以建設善惡的觀念與行動，如此一來，處理日常事務，就會有很紮實的理論基礎，能明確地引導我們的各種行為方向。

戒、定、慧利於解脫個人煩惱

從佛法修行的角度來看，每個生命雖然都是獨立的個體，可是每個人都需要與社會及群體相互依存，才能生存於世。如果所謂的趨向解脫，只是個體生命趨向解脫，從這個角度論修行，會偏重在自我內在的提昇。

我們如果往內心看，會發現很多的煩惱都是自我的身心運作與種種行為造作衍生的結果。比如說，禪修時會發現妄念很多，而這些妄念大多和平日的惡行有關。

如果平日常做善事，基本上，打坐時這些妄念對我們的干擾不大；但做的若是不當的行為，造惡的力量則會留下來，讓人懊惱不已，成為了修行的障礙。

如果你重視自我內在的修養，希望能通過修行趨向煩惱的解脫，你將發現煩惱總在打坐時，以一堆又一堆的妄念形式浮現出來，這也讓你看到煩惱的來源，皆緣於日常生活中種種不當或不良的習慣與行為，而這些負面的造作，往往會傷害到他人。你可以審查自己的日常生活，是不是曾在情緒波動時，因控制不了自己的煩惱，而造作一些不好的行為傷害別人？大部分的人應該都有這樣的經驗，在傷害他人的同時，其實也會傷害自己，因為所有的造作都是雙向的。在空間上，我們傷害了相對關係中的他人，隨著時間的流動，當時所造的因必將反噬回自己身上，這點在打坐妄念不斷時，特別容易發覺到。

因此，禪修者會特重減少惡念，甚至斷除惡行。在佛法修行上，偏重個人生死解脫者，會從戒入門，即是戒止各種不當的行為與習慣，避免惡行。如果能把戒守好，禪修時的妄念會減少許多，當不必要的煩惱減輕了，心就容易安定下來，修定會更有力量，如此一來，由修止進入到修觀，智慧將更容易顯發。此即戒、定、慧三學的運作，這套運作特別有利於個人生死的解脫。

三學與六度

有一類修行者比較喜歡與群眾在一起，樂於分享和幫助他人，像這樣的人，善法就會是他們修行所偏重的入手處。他們為了讓自己與他人保持良好關係，同時加強讓善的力量來幫助自己，比較注重布施分享等種種幫助他人的行為。他們甚至更進一步，將這些善行連貫到出世間的修行解脫，因此所要實踐的除了布施，還要加上戒、定、慧三學的運作，此即大乘佛法六度的行持。

三學與六度兩大行門，都是趨向解脫，至於你適合從哪個方向入手，則可依自身的特質做選擇。無論選擇為何，兩者都有相同的核心理論——因果法則，據此建設出完整的行持。六度法門的運作較三學更加寬廣，因為著重在三學的修行者，他們的重心放在個人，傾向減輕或隔離生活中的種種家庭與社會關係連結，出家的生活方式即是如此。

出家生活要捨離家庭，才能進入僧團。僧團有戒律的規範，所有在僧團內生活的僧眾，都必須遵守戒律，以減少共住時可能產生的問題與摩擦，如此生活其中的成員就能更好地內攝，用功修行。這樣的生活型態，已隔離了大部分與家人、親友等的社會性連結，轉而著重在宗教師與信徒間的聯繫，這樣的關係相對單純許多，比較容易實踐遵守戒律的規範。

有些人雖未出家，但自覺較偏重於個人修行，他們就會在人與人的關係有較多的隔離，會透過簡化人際關係減少人事上可能的糾紛。在生活上，他們也必須以戒律來保護自己，讓修行能夠得力。

至於實踐大乘菩薩道的修行者，需要累積更多的善業，所以要與更多的人相處廣結善緣，藉此分享自我修行的心得與種種善法，以引導大眾一同用功。這些行持就理論上來說，無非就是多行一些善或多做一些修行分享的活動，就像大家一起遵守禪堂的規矩用功，在活動過程中就有許多善法的運作。例如，在禪期期間的持戒生活，幫助我們隔離了大部分惡法；而成就這次活動，也必須得到眾人的布施與分享。由此可見，看似只是一場活動，實則內含許多複雜的運作，在運作過程必然要面對各種問題。

我們既然群聚於此共修，便表示我們都不是離群索居的獨修者。獨修者可以完全隔離，全然不理會他人的感受，就像有些人不管家人有何反應與感想，為了出家，說走就走；但假如要讓家人和親友也能得度，就不能用這麼決絕的方式。這時便會發現在處理這些複雜的問題時，很容易產生各種矛盾和衝突，各種不愉快的情緒便油然而生。

因此，六波羅蜜必須有「安忍」。忍，是內心的一種智慧判斷，幫助我們在處理各種衝突、矛盾和負面情緒時，能有足夠的能力接受。在接受的過程中，會面對許多不平衡的狀態，甚至會受到許多委屈，好像都是因為自己的不是，而必須承擔種種的問題。如果你也有類似的經驗和感受，將更容易理解在這種情況下，具備忍的修養有多麼重要。

六波羅蜜的「安忍」，也可譯為「忍辱」。「忍」字的意思是接受，「辱」字則是更負面的狀態，就是要把你壓得很低，而你還得去面對、接受這個狀態。玄奘大師在翻譯時，將其譯為安忍，之所以用「安」這個字，就是要把負面的部分存而不論，轉而強調面對各種不平衡、衝突乃至負面情緒時，都能以一種很平和、安心的狀態完全接受，這是修行中非常重要的一環。

行六波羅蜜，我們必須和大眾在一起才能行善法。我們一方面要以布施接引大眾，另一方面在自我修行上，也要透過持戒以減輕自己的問題。此外，在面對複雜紛呈的狀況時，還要能以安忍的心，用祥和的態度面對種種考驗，轉危為安。

卷六

布施、持戒、安忍、精進波羅蜜

布施波羅蜜

我們從緣起的角度，看待現實生活中人與人的關係，以及個人行為造作所產生的影響力，便能明白修行和人我關係密不可分。我們在與人互動交流的各種關係裡，應發揮正面的、善的作用，以產生好的影響，並為自己與他人帶來利益。

然而，大多數人內心都有種種負面的心理作用，當這些負面能量或情緒外顯為各種不好的行為，就會傷人傷己，因此，我們必須適當地調整自心，在日常生活盡量保持善念，減少惡念。

在修行上，可從止惡與行善這兩方面著手，以此調和身心。重視個人修養者，會更偏重於止惡，也就是戒絕惡業的造作，但是在現實生活中，每個人其實都必須與他人適當地往來，而如何在互動中發揮善法，也是修行非常重要的一環。

止惡與行善對一般人來說，在生活中比較容易接觸和做到的，大多是偏向行善法。因此，六波羅蜜首先強調的，即是布施。

佛法修行之所以特別強調布施，一方面是要我們了解這是很重要的日常生活行為，要重視這些行為所帶來的影響；另一方面則是要讓布施內化為一種不斷精進的修養。假如我們把布施當成了一種慣性，似乎有做，卻又不是很用心地去做，這樣的布施就無法精進我們的修行，所以必須把布施視為一種修養，持續地廣化、深化。

布施的意義

布施的涵義很深廣，可是多數人的理解觀念，仍停留在對他人的施捨，雖然這是布施很基本的意思，但我們應從更深廣的角度認識它，方能更好地觀察自己對於種種與布施有關的行為是否都能夠做到。

布施的英譯是 offering，我所在的馬來西亞，則以巴利文的 dana 直譯。中文的布施涵義會較英文的 offering 更廣些，中文的布施應包括三個 ring：caring（關懷）、sharing（分享），與 offering（奉獻）。在大多數人的生活中，其實這三個

ring皆普遍地運行著，我們很難想像一個人人彼此間都沒有關懷、沒有分享、沒有奉獻的社會，那將會是一個什麼樣的社會呢？實際上，這些布施的行為，大家日常生活都會做。

1. 布施是關懷

首先從布施的第一層意義「關懷」談起，關懷是人與人之間心靈交流的一種方式。一般來說，關懷通常是從自己身邊的人或有往來的人做起，如果僅在自身的範圍從事關懷的行動，這樣雖然也很好，也能發揮一些力量，然所能發揮的力量會比較小。布施所強調的關懷，則必須把範圍放得更廣，從個人向外延伸至整個社會，讓社會的每一個人都有相互關懷的心理，彼此交往的過程中，都會重視對方的需要與感受。

我們要發自內心地去觀察、關懷人群與社會的需求，哪些行為對他人是好的，對自我的心理健康也有幫助，我們就從這個角度對他人付出關懷，並用心地付諸行動。唯有真誠地關懷他人的需要，並留心觀察社會所需的建設，才能把關懷落實為具體可行的善法與善行。

2. 布施是分享

布施的第二層意義是「分享」。分享的意義非常好，一般人說到分享，都會認為是將自己擁有的東西和所需的人分享，藉此幫助他人。要注意的是，之所以用「分」這個字，即表示在給予他人的同時，自己也保有一分。

自己也保有一分的觀念，對於初學佛者來說很重要。有些學佛人一談到布施時，便認為這個行為太好了，以致於在行布施時，失去了理性的考慮，甚至誤以為佛法說無我，應該把自己所有的東西全部分出去，結果導致自己和家人的生活發生了問題。

正確的分享觀念，應包含兩種意思：一是行布施的同時，自己本身仍能保有自己的一分；二是自己本身享有了或已享受了，再去布施給他人。這兩種意思雖還有「我」的觀念在其中，卻反而是更正常、更健康的一種分享方式。如果自己都還未享受或享有，又如何去布施、分享呢？這也就是說，唯有自己從中得到了受用且享有，方能與他人分享。以這樣的方式來分享，才不會忽略了布施者本身所應享有的受用，這樣的布施對多數人來說，會是一種比較平衡又健康的方式。

3.布施是奉獻

布施的第三層意義是「奉獻」。奉獻意指將自己所受用的部分，放捨出去，這是一種更深層的布施。

我們從布施的三層意義：關懷、分享、奉獻，可以得知布施有其層次，要先從內心產生關懷，再從自我本身所擁有的來做分享，最後，再把自己所享有的一併奉獻出去。我們在布施的學習上，要先認知這樣的次第。

有人學佛後，為了表現學佛的積極，而在布施的過程中，未把握好這樣的次第，在沒有把自己照顧好的情況下，做了所謂無條件、無私的布施，結果反而造成個人和家庭等方面發生問題。此外，社會上也有很多行布施的慈善團體，由於執行上處理得不夠善巧，而衍生種種問題。所以，不論個人或團體在布施時，都應把握好自身的條件和能力，量力而為。

至於最深層次的布施，已屬於菩薩道的修行，凡是菩薩道的修行，都必須連貫到般若，以空的角度布施，這樣的菩薩布施，當然是完全沒有限制的了，但對於一般人來說，在日常生活中所行的布施，還是應該有次第，衡量自己的能力，能做到哪個層次就做到那裡，這樣對自己、對他人，才是一種較平衡的布施。

依次第而行布施，能幫助我們保持一種正常的生活運作方式，如此一來，即使所行的布施未再深入，也能達到一種身心的修養；當然，如果要發展更深層的布施，也是可以的，但仍要在依次第而行的基礎之上，先把這個部分做好，再追求更深層的布施。舉凡布施都應發揮自利利他的雙向好處，我們透過布施得到修行上的進步，但也要留意是基於自己的生活已獲得保障，再來從事幫助他人的布施。

因此，我們要從兩個角度理解布施：一是布施有其次第；二是運作必須有善巧，即是要用智慧的方式來處理。

布施的內容

布施的內容，可分為三類：第一類是財布施，分為財物與物質方面的外財布施，以及以身體、能力為主的內財布施；第二類是法布施，又分為世間法的布施，泛指各類知識的傳授，以及出世間法的布施，即佛法；第三類是無畏施，是精神與心理上的布施。

1. 財布施

當提到布施時，很多人第一個想到的就是財布施。

(1)外財布施

財這個字，一看便知是跟錢財相關的事，這類的布施稱為「外財布施」，而且不僅限於金錢，舉凡物資上的給予，也包括在內。財物方面的布施，是社會上的普遍需要，因為不論社會上施行再理想的制度，總還是有些人過得很辛苦，他們往往因財物方面的匱乏，導致生活連最基本的條件都無法滿足。因此，就會有一些個人和團體在自己的能力範圍內，以財物來做布施。

例如，新冠肺炎的疫情，讓不少人失去了工作，生活出現困難，很多國家政府便採取必要的措施，支援這些生活難以為繼的人民，於此同時，也可看見民間的力量，努力從事著各種馳援的善舉。除疫情外，每當天災發生時，總會有人深入災區幫助受災的民眾。災區所需的援助，往往實際的物資更甚於金錢，因為在受災的當下，災區民眾即使有錢，也無處買東西，唯有物資才能解決問題，乃至日後的重建，在在都需要許多資源，而這些皆屬於外財布施，像這一類的布施是最直接，也是一般最常見的布施型態。

佛陀在《善生經》中告訴善生，賺得的錢有一份要留作供養三寶之用，還有一份要拿來做慈善。此所謂供養，其實也是一種布施，因為供養三寶，已包括財物供養，而財物供養即是財布施，這是最普遍的供養三寶方法。

以財物做布施，不但必須抱持正確的心態，在處理上也要非常小心，才能避免各種可能衍生的問題。

(2)內財布施

相對於「外財布施」的另一種財布施，稱為「內財布施」，例如身體，也可以拿來做布施。

以身體做布施，可以分為三大類：一是捐血，二是器官捐贈，三是大體捐贈。第一類的捐血，是最普遍的一種身體布施。大家可以衡量自己的健康狀況，如果身體條件允許，可以輸出一小部分的血去幫助需要的人，這是醫學上的一種布施，也是一種內財布施。

第二類的器官捐贈，又分為兩種情形：一是生前捐贈，二是死後捐贈。在活著的時候，以能維持身體健康的前提，捐出一部分器官來幫助他人，這類的情況比較少見，大部分人是在往生後，於器官功能尚未退失前，將可用的器官捐贈，讓受捐者繼續發揮受贈器官的運作與功能。

第三類是大體捐贈。往生後，把身體捐贈給醫學與教育單位以供研究。很多醫學院的學生需要透過解剖屍體，以認識身體的各種器官和運作方式，所以有些人願意將自己的身體捐出來，提供他們學習之用。像這類以身體做布施，便歸屬在內財布施的範圍內。

內財布施除了可見的有形身體，還包括身體的能力。俗話說「有錢出錢，有力出力」，不論是力氣或能力，都是一種內財布施。另有一種內財，即是時間。當別人有需要時，你如果能捐出自己的時間協助工作，這也是一種內財布施。

內財布施與我們的身體與生活中的物資有關，故以「財」稱之，也說明了這一類布施最為普遍、最為直接，也是很多人都做得到的。大家可以看自己的能力能分享多少，就幫忙多少；如果能力有限，則可從關懷他人做起，或是捐血也很好，假如身體條件不允許捐血，也可以幫忙宣傳或推廣捐血活動，這些都可稱為財布施。

布施存在著不同的層次和程序，而且必須屬於善法，也就是說在布施時，必須對自己和受布施對象皆產生正面的作用，如果出現負面影響，那就不是布施了。

因此，佛法在談及行善時，重點在於能否對他人或自己產生正面效果。這種善法不僅體現在行為上，更體現在內心。因此，當我們談到布施時，心態至關重要，我們需要有一種願意分享所得的心態，甚至願意奉獻自己的身體，這種心態源於內心的善念，並化為實際行動，使得這種行動能夠利益到他人。

佛法談到布施時，重點一定在於善的層面上，依佛法行布施，會以較高的標準來看待這些行為。社會上有些人或組織雖在表面上做了一些好事，其中卻夾雜著個人名聞利養的因素，或是把某些應布施出去的好處歸為己有，從佛法的標準來看，這些都不能算是真正的布施。雖然在社會的實際運作中，許多所謂的「善行」，仍需取得利益和公益上的平衡，這類行為也可能是值得讚歎的善行，但從佛法的角度來看，則會要求更高的純善。

即使身為佛教徒，要完全達到佛法所要求的高標準也非易事。我們身為凡人，可能仍有一些私心、自我意識和小小的貪念存在。佛法則為我們提供了一個更高、更遠大的目標，鼓勵我們努力朝著更純善的方向努力。因此，我們在平時進行財布施時，無論是內財或外財，都應反省自身的行為是否符合佛法的要求，如果發現還有改進的空間，應激勵自己更加單純地行善，不要將太多個人利益納入其中。

當然，我們在行善的同時，還要注意自身必須擁有的基本能力條件，才能真正地幫助他人。例如，我們想要捐血，就需要擁有健康的身體，這是相當重要的考量。此外，在行善的同時，內心也應保持清淨，減少世俗的雜染，這樣在布施時，方能更加如法，更加完善。

為了能夠以更純善的心態行善，我們應該避免將個人利益納入其中。這是因為我們對於因果法則有著深厚的信仰，我們深知只要行善，一定會得到善的回報；然而，如果我們在行善之前就將利益考慮進去，心就會被雜染，失去本來的清淨。但回歸人性而言，我們能夠行善，這本身就是一個值得讚歎的行為。

財布施不論是外財或內財，皆具有物質性，我們在條件具足的前提下，應該致力善用這些資源，布施行善。

2. 法布施

布施有兩大類：一是財布施，二是法布施。以知識為主的布施，即稱為法布施。法布施涉及知識的分享與傳授，「法」包括了世間法和出世間法。

(1) **世間法的知識布施**

世間法的布施，主要體現在知識的傳授。這種知識不僅包括各種學問，還有生活經驗和智慧。

在人類成長的過程中，知識的吸收尤為關鍵。特別是在資訊爆炸的現代，想要充分掌握知識的豐富性與深度，實屬不易；然而，在愈趨複雜的因緣裡，也提供人們更加多元的學習管道。通過學習得到的知識，假如對我們有所裨益，我們是否能有樂於分享的心理，推廣所學的好處呢？這就是教育的功能與意義。在人類所依住的世間，面對種種複雜的人事與問題，擁有豐富的知識能幫助我們更加得心應手地處理。因此，教育成為一個不可或缺的制度，提供給人們學習和成長的機會。透過教育，我們能夠獲得更廣泛、更深入的知識，這也屬於法布施。

教育制度雖然已經有一套規範和方式來傳授知識，教育者仍要檢視自己在傳授知識與解答疑惑上，是否真正盡到了責任？因為隨著教育變成一項職業，個人的私心和追求利益也漸漸地介入其中。教育做為一種職業，把利益納入考量以維持個人生活，實無可厚非，但是從佛法的角度來看，教育不僅是一項職業，更是一種布施。教育者需要具備分享的心，願意將所學的知識和智慧無私地傳授給學生，協助他們成長。除此之外，還要時常自我檢視，教學是否秉持教育的理念而為？在盡責任時，是否仍有力有未逮處？

在現今的教育界，其實有許多工作者都是基於個人對教育的信念，無私地奉獻個人所學，也正因為有他們的努力付出，人類的知識得以不斷地擴大、進步；然而，有些人難免還是背離了教育的理念，為個人名聞利養所左右，甚至於教學中傳達種種自私自利的觀念，導致教育事業停滯不前，他們的教育方式就不能稱為一種布施的行為。

教育理念的提昇，需要教育者更醒覺地將個人私心放下，真正履行教育的使命，以幫助學生更好地成長為目標。當前社會的一些教育體制著重於分數和名利，我們需要提出佛法的觀念，幫助從事教育者秉承更高的理念，讓學生在學習中可以得到全面的發展。

法布施在教育領域的實踐，不僅關係到個人的修養，也關係到整個社會教育體系的發展。唯有透過無私的知識分享，我們才能夠使知識得到更廣泛地傳播，讓人們在學習中受益。

(2)出世間法的佛法布施

相對於世間法的法布施，則是出世間法，也就是佛法。

佛法本有世間善法與出世間善法之別，但我們將它們都歸納在「出世間法布施」。因為佛法的終極目標一定是出世間，至於世間善法的建設，則是為學人提供通往出世間的基礎。我們必須修種種世間的善法，止息各種惡行，然後通過修定、修觀、發慧的過程，解脫煩惱，走向出世間的終極目標，如此便能把世間與出世間貫通起來。

因此，出世間的法布施既是佛法，也是一種通往出世間的教育進程。這方面的教育雖有不同的系統，卻有共通性，也就是從中都能看到法布施的重要性。因為唯有通過不斷地傳承，佛法才能存續，並流通得更廣，最重要的是讓更多人因而通過菩薩道的修行，達致解脫煩惱的佛法終極目標。

在佛法的教育上，不論是弘揚佛法、教授禪修，還是深入研究佛理，雖然學習與教育的側重面向各有不同，但都是為了共同的目標而努力，都在行出世間的法布施，這就是一種傳承。佛陀在覺悟後，深知必須毫無保留地傳授所覺悟的真理，所以他走遍能及之處分享經驗，讓追隨他的弟子，不論出家或在家，都能完成修行佛法的終極目標，所以那時出現許多羅漢和各種不同層次的聖人。佛陀於涅槃之際，簡單交代他的教學，必須由僧團傳承，而僧團的弟子們也如佛陀所交代的，將佛法結集、傳承下去，在流傳的過程中，將語言轉成文字，再從印度的文字，轉譯為各種不同的語言文字，把佛法傳得更為久遠。

從這些過程中，我們可以看到出世間法的布施，看到許多為弘法而奮鬥的僧人，用自己的身體、心靈去實踐這一理念。有些僧人為了讓佛法可以傳播得更遠，而走遍大地；有些僧人則背誦經典，並翻譯成其他語言，為了尋找更好版本的經典，甚至犧牲生命在所不惜。這些無私的法布施行為，讓佛法得以更廣泛地傳播，也見證了一代又一代人的不懈努力。在學習佛法的過程中，我們要銘記這些法師、禪師、經師的付出，體會到他們的無私奉獻和法布施的價值。所以，在學習的同時，我們也要以無私的心態，將所學之法與更多人分享。

當我們學習佛法時，一定要親身印證佛法的好處。唯有透過努力修行，印證佛法的好處，我們才能以自身內在的經驗去傳授佛法、行法布施，也因為是自己真實的體驗與受用，才有足夠的底氣，去告訴別人佛法有多好。以這樣的方式行法布施、傳承佛法，會更有力量。

聖嚴師父曾說：「佛法這麼好，知道的人這麼少。」我便想禪法也是如此，禪法這麼好，學習的人卻這麼少。學佛的人或許不算少，但到底有多少人真的能深刻體悟佛法的好處呢？師父覺得佛法好，是因為師父從佛法得到很大的受用，所以他在弘揚時，能產生很大的力量去推動他做很多的事；反觀我們，雖然跟隨師父與許多師長學習，但有沒有用心去學呢？有沒有真的深入修行，體會到佛法的好呢？假如沒有從佛法得到真實受用，是無法告訴別人佛法的好，因為自己的底氣不足，說的話自然就沒有力量。

弘法必須有力量，而這個力量來自對佛法的信心。要做出世間的法布施，首先要把自己的身心調好才行。佛法不但有禪修的方法，還有各種止惡行善的具體實踐，能透過修持讓人產生力量，有了這樣的力量，他人方能感到學佛是真的好。一位有力量的學佛者，甚至不須刻意地弘法，只要透過自身的各種行持，就能讓和他相處的人都感受到佛法的好。對他而言，法布施是一種自然而然的體現與分享，是透過身體力行來影響他人。這樣的法布施當然很有力量。學佛人用功修行，必須自得受用，才能與他人分享、更好地幫助別人。佛陀也曾談到自受用報身與他受用報身，自受用而後他受用，這在佛法的學習上，是重要且必然的程序。

所謂「從禪出教」，意指禪師的教學是依自身修行的經驗而來。「禪」是他修行的體驗，他以此教導學人，學人再依教修禪，又回到禪的體驗。佛法布施特重禪法修學，因為唯有通過禪修，方能深刻體會佛法告訴我們的種種受用，如此才能更好地布施，讓他人得受用；否則，佛法若僅流於表面的弘揚，慢慢地就會從出世間法變質為世間法，變成只是一種供人研究的知識，即使學問再好，也受用不深，當然也不可能有力量做更深的法布施了。無論是出家人或在家人，有志從事出世間法的布施者，對於這一點必須有所理解。

我們對未來佛法的傳揚要抱持一種弘願，並且放下所有自我的好處。畢竟，我們已在佛法中得到那麼好的受用了，出去布施時，就不需要再想到自己。由於這樣的願心，所以行菩薩道的菩薩們在布施時，真的做到完全地奉獻，正因為有這些高僧大德的無私布施，我們今天才能齊聚於此學習佛法。見賢思齊會帶給我們力量、信仰與信心，希望大家都能做到無私無我、全然奉獻的法布施行持。

3. 無畏施

無畏施的無畏，就是指沒有恐懼、沒有恐怖。

⑴世間的無畏施

在現實生活中，我們常會遇到許多令人害怕、恐懼的事，有些人甚至是長期面對各種精神與心理方面的問題。此外，有些人會突然遭遇令人害怕或感到危險的狀況，讓人措手不及。無畏施的意思，是當有人面臨這些情境時，我們能在他們需要時施以援手，協助解決問題。

無畏施常出現於兩類情況：一類常見於天災人禍時。例如，遇到水災、震災或戰爭，總有人挺身而出幫助遭難的人們面對恐懼，並提供支援。這一類的無畏施，通常有一定的時間性，並且有比較強烈的外在衝擊。

另一類無畏施，則是針對精神方面有困惑的人。精神上的困惑，長期、短期、輕重程度各有不同，輕微者藉由諮詢、輔導，問題就能獲得緩解，而嚴重者則需要長期的關懷與協助。

無論是哪一類的無畏施，都需要具備專業知識與技術方能運作。假如你的能力不足，卻仍想發願去做這方面的布施，當然還是可以，那就需要補足方方面面的條件，或從比較小的、簡單的事做起。例如，疫情期間有人因失業陷入即將斷炊的處境，我們可以在財務上給予幫助，這也是施予無畏，因為這種狀況下的財務給予，能讓需要者獲得精神上的力量，所以是一種廣義的無畏施。

無畏施除了幫助他人減少畏懼，還能從正面的角度提供力量，像是給予他人安慰、鼓勵等，也是一種無畏施。在日常生活中，未必人人都需要很多的心理輔導，也不一定常面臨想法負面的問題，但對周遭的人，適時給予正面的鼓勵，就能讓人獲得力量，所以這也可歸納在無畏施裡。

無畏施主要關注的是人在精神與情緒所面對的困境。先有這樣的基本理解，落實到具體的行持善法上，再看看自己能在哪些方面提供幫助。社會隨時都有人亟需獲得支援以減輕心理負擔，可以權衡自身的力量，能做到的無畏施就盡量去做。

(2) 持戒的出世間無畏施

前面所說的情況，皆屬於世間法的無畏施，除此之外，還有出世間法的無畏施。世間的無畏施多是針對他人的需要而行，然而，回到自身，在沒有遇到任何事時，我們仍可以實踐無畏施。

佛法所謂的「施」，其實範圍很廣泛，其中一種是在生活中不要製造恐懼或問題，造成他人煩惱。這是一種正向的無畏施，而且不需特定的狀況即可運行。事實上，這就是持戒，持戒即是一種布施。

《佛說五大施經》即闡明，受持五戒就是五種布施。因戒的作用為防非止惡，非法與惡行都是會傷害到別人的行為，只要是戒律所戒止的行為都會傷害到別人，而在傷害他人時，其實就是在製造恐懼。持戒是以積極的方式防止非法行為的出現，如此就不會為他人製造不必要的問題。

人與人之間的互動，難免產生矛盾與摩擦。假如我們把自己的利益看得太重要，又想從別人身上得到好處，就會顯現出許多問題。如果能受持五戒，就是做五種無畏的布施，自利利人。五戒包括：不殺生、不偷盜、不邪淫、不妄語、不飲酒。不殺生，生命就會因你的不殺，甚至保護，而免於恐懼；不偷盜，不侵犯他人的利益，就不會讓人因失去財物產生心理問題，導致傷害。我們如果不只不偷，甚至能在他人最需要的時候行布施，這就是一種無畏布施。

佛法教學談到布施，必然會談到持戒與個人行為的端正，目的是讓親近我們的人感到安全感。有些人會讓和他相處的人覺得害怕、恐懼，這些讓人感到害怕的人，未必是他們製造了什麼恐懼感，而是我們自己內心的負面作用，才導致害怕的心理。最常見的例子，就是老師。很多人小時候都很怕老師，其實老師並不是製造害怕的人，而是因為學生對自己沒有信心，或是自卑感作祟；還有人是因為功課不好，害怕受到老師責罵等。在每個人的成長過程中，可能都有這樣的經驗，長大了才發現小時候最怕的老師，其實是一位教學非常認真的好老師，當時之所以害怕，是因為對自己沒有信心所致。為師者要遵守師道，用心教導學生，以知識向學生行布施，久而久之，學生就會知道自己遇到的是一位很好的老師，而不再害怕，這也是一種廣義的無畏施。

還有一種狀況，有些動物看到某些人會很害怕，但看到另一些人卻覺得很安全。例如，我有些朋友專門收養和保護流浪貓狗，貓狗看到他們都很歡喜，這就是一種無畏施；反之，有的人會讓貓狗一見就害怕，這可能是因為他們有傷害動物或殺生的行為，而這些都是製造恐懼的因素。

佛法教導我們行無畏施，就是要我們不成為讓別人害怕的因素。要做到這點，就必須樹立起種種行為規則，讓與我們相處的一切有情眾生，都能免除恐懼的心理。當然，這是一種很高的修養，落實在日常生活中就是要把戒守好。如果能夠如此，你在許多人的心中就是一個善良的人，能讓人卸除心理上的武裝與防備，因為你的行為對人沒有任何威脅與傷害，而這樣的行為就是無畏布施的實踐。

佛法對此特別提出了持戒，持戒是向內對己的一種自律，制止自身施行非法與惡行，這除了牽涉到個人的行為，還包括內在的道德修養。如果能持好戒，就能與人產生良好的互動，不會對人造成威脅或傷害。能在生活中減少他人的恐懼心理，不成為他人恐懼的因素，就是一種無畏施。能持戒，就能做到一定程度的無畏施，至於能做得多好，就視乎每個人的修養與努力了。

⑶面對生死的出世間無畏施

另一種出世間法的無畏施，直接牽涉到般若，因為有情眾生最大的恐懼就是死亡。人都害怕死亡，卻無法避免死亡的到來。這種害怕死亡的感受，有短暫的，也有長遠的。對於每個生命而言，在面對死亡時，都容易產生恐懼的心理。

在現代醫學中，對於瀕臨死亡的病患，有臨終關懷的照顧方法，其中包括告知病患病情，醫學已無法治癒，他們即將面對死亡的現實。此時，需要協助病人進行心理輔導。宗教在探討死後種種情況上，提供了豐富的內容，能為臨終者提供安慰和指導。他們可以教導臨終者如何調養身心，甚至進行修行，以應對死亡的來臨。這種心理準備讓病人相信，死亡並非終結，而是轉入一個更美好、更光明的境地。宗教信仰中很少提及不好的結局，通常強調上天堂或淨土等美好境地，給予臨終者信心和關懷，讓他們能夠安心面對死亡的來臨。在現代醫學和臨終關懷中，這樣的宗教觀點也變得愈加重要。

在這一方面，需要專門處理臨終關懷的專業人員協助，從事臨終關懷的宗教人士通常需要接受專業訓練，並具有一定的醫學知識，而這正是一種非常有意義的無畏施。這種無畏施的方法，也非常注重對家屬的照顧。有時候病人渴望解脫痛苦，離開世間，但家屬卻捨不得放手，認為插管即使只能維持幾秒鐘的生命也好，而這樣的無效治療，其實只是徒增病人痛苦罷了。面對這樣的情境，對於家屬的心理照顧變得至關重要，所以無畏布施的對象不僅是病人，還包括家屬，讓他們能夠安心接受病人即將離開，同時讓病人能夠在平靜中安心地離去。

雖然目前已有很多法師和居士參與臨終關懷的工作，但總體來說，佛教在這方面所做的仍很有限。然而，這項工作確實具有重要意義。因為除了修行工夫達到一定程度，能放下生死，能說走就走，多數人其實對死亡都存在一定的恐懼，也都必須面對這個問題。因此，即使這種臨終關懷不是真正的出世間，但因其關係到生死問題的建設，所以這方面的無畏施仍然深具意義。

此外，對於無法直接參與無畏施的人，另一種支持方式就是財布施。從事臨終關懷工作的法師和醫務人員，有時需要經濟支持，因為建立和維持這樣的機構需要相當的經費，包括提供必要的醫療設施和設備。因此，個人也可以通過物資或金錢的捐助，參與這種形式的無畏布施。無論是親自參與或是通過資助，我們都可以權衡自己的能力，盡己所能而為。

生死是人生所面對的根本課題，而究竟的出世間無畏布施，即是般若。修行禪定與般若，終極目標就是解脫生死，也因此，解脫生死就是最大的無畏布施。透過身體力行地修行，我們將有能力介紹或教導佛法的般若禪定眾生，讓他們在生命的旅途中，能夠趨向解脫，這是非常重要的布施，需要更專業的知識來實踐。

《心經》說：「依般若波羅蜜多故，心無罣礙；無罣礙故，無有恐怖，遠離顛倒夢想，究竟涅槃。」這一句話涵蓋所有的無畏施，直指無畏施的核心。我們都正朝往這個方向而去，希望大家在修行的過程中，能對此多所體會，以解決生死這個人生大問，能夠如此，就能以無畏之心，向眾生行更大的無畏布施。

持戒波羅蜜

布施和持戒的表面上分別，一個偏重於行善，另一個偏重於止惡。從佛法的角度來看，行善和止惡則可以連貫起來，因為這兩種行為儘管表面上相對，然而，實踐上具有一體性。因為在行善時，人會自然地減少惡行，而在制止惡行的當下，也是在實踐善法。例如，無畏施是指不給他人製造恐懼與負面心理，換句話說，就是讓周遭的人，因我們持戒的行為，而感到安全，並能和諧相處，由此可見布施與持戒是一體兩面。

佛教談持戒，最重要的有四條根本戒：殺、盜、淫、妄，再加上一條遮戒：不飲酒戒，即是一般所謂的「五戒」。所有在家學佛的弟子，最好都能盡量受持這五條戒。不飲酒戒主要是針對在家眾而提出，因為若沒有守好這條戒，便容易觸犯其他四條戒律。

在出家眾的戒本中，提到的首要戒律是：淫、殺、盜、妄，以淫為首；至於在家人，則將淫戒改為不邪淫，並強調在家生活更須留意殺戒，所以次第列為：殺、盜、淫、妄。

佛陀並非一成立僧團後，就制定了戒律，而是有其制戒因緣。當時的印度，有所謂的「沙門法」，是所有出家人的共同守則，無論屬於哪一教派，大家都會遵守。

佛陀成立僧團初期時，跟隨他的弟子大多根基深厚，能迅速覺悟佛法，所以在這段時期，佛陀依沙門法的規範組織僧團即可。之後，隨著僧團成員增多，一些根機較淺的人也加入其中，並帶入一些不良的習氣，逐漸影響到僧團本有的和樂清淨。和樂清淨本是僧團最基本的素質，是眾人安心辦道的基礎，但隨著成員增多，犯錯情況便開始出現，並且與日俱增，佛陀便根據這些錯誤制定相應的戒律，做為僧眾應持守的規範。

最初制定的戒律，可能只涵蓋較小的範圍，隨著時間推移，犯過的狀況愈來愈廣泛，便需要對戒文進行更細節的定義與規範。為此，佛陀不斷為弟子制定各種戒律，防止他們犯過，四重戒即是根據這樣的因緣而制定。一般來說，犯四重戒是不通懺悔的，然而四重戒也有情節輕重的不同，有的過失雖與四重戒有關，但因情節輕微，所以不算犯下重戒，仍然可以懺悔。再者，佛陀允許出家眾針對持戒前的犯過，可發露懺悔，但持戒後若再犯，情節嚴重者就可能逐出僧團。

戒律是世間正法，戒律的作用是藉由規範特定的行為範圍，以保護修行人。凡戒律範圍外的行為，即是犯戒。犯戒必然是不好的行為，可能會對他人造成傷害，佛陀當初制戒時，便有諸多類似的因緣。隨著僧團人數增加，除了制定戒律，佛陀還意識到生活中的細節與禮儀，如行、住、坐、臥，乃至用餐等各方面，都需要立下規矩。這些規矩明定了哪些行為可為或不可為，使得戒律體系更加完整。然而，即便戒律如此完整，仍有當時可能不存在的一些不善行為未被制定成戒。比如抽菸就是在佛陀時代沒有，但現代已被視為不良習慣的行為，而且也有損僧團的威儀。因此，即使佛陀當時並未限制抽菸，但考量其不良影響，而從飲酒戒的精神延伸，有的僧團便認為應制定不抽菸這條戒律。

另有一種情況是，某些行為在當地是有問題的，但在其他地區可能不再被視為問題，或在不同時代，某些行為可能也不再被視為錯誤。一個國家的法律，常受制於各地文化和社會價值觀，甲地或此時為非的行為，到了乙地或彼時，就不算犯錯。這表明了地區和時代差異，可能會影響人們對於戒律的認知。

此外，對於守戒者來說，戒律的規範相對要求較高，某些行為的限制可能會導致生活上的諸多不便，因此，在某種程度上就必須開緣，佛陀制定戒律時也經歷了這樣的歷程。佛陀發現有些戒律可能會影響到生活的方便，因此，他有時候制定了某條戒，但後來又捨除。這表明佛陀制定戒律時，以及戒律在其後的流傳，都需要面對現實社會、國家法律和地方風俗習慣等種種外在因素的影響，並納入考量。

戒律的根本精神

持守戒律具有重要的精神意義：所有的戒律都是保護我們的行為，使其不越過一定的範圍，進而不侵犯他人，不干擾別人的生活。其實，這同時也是對他人的保護，對他人的無畏布施，而這正是戒律最重要的根本精神。了解了這點後，我們在守持戒律時，就有了很紮實的依據。

在現實生活中，我們如果能把握這種精神，進而守好戒律，即可防止自己的惡行。因為惡行必然會干擾他人，也會干擾到自己。有實修經驗者皆知，一種最強烈的干擾，就是在打坐時浮現的妄念，而這些妄念通常都與負面的行為有關。假如日常生活中能夠守護得宜，打坐時就不會出現這些問題了。所謂「依戒生定」，守好戒律很少犯錯就容易入定，能入定則必能發慧，最終解脫生死。

戒律做為修行的基礎，能發揮巨大的功能，所以非常重要。在了解戒律的精神後，我們在守戒時，就不會感到束縛、限制，也不會覺得戒律是一條要綁住我們的繩子。

事實上，很多人是從負面的角度看待戒律，認為戒律是一條束縛之繩，而試圖擺脫這條繩子，不願意守戒。有些修禪的人甚至宣稱不需要守戒，只要修禪成功即可。這種觀念是非常危險的，因為沒把戒守好，就很難把定修好，更遑論不守戒而要禪修成就了。但凡修行者都應深入了解戒律的重要性，方能更好地用功。

大家現在對戒律都有了一個比較完整的理解，然而，如果要更詳盡地深入戒律細節，這部分則通常包含在出家戒律的特定律本中，需要在僧團裡學習和研究。出家戒是由專門的僧團進行研究，他們的責任之一是學習並守護這些戒律。至於普遍意義上的戒律，則還是要回到在家戒的層面，泛指所有在家人都需遵守的戒律。在家戒實際上是在出家戒的範圍內，而出家人守的戒，則比在家人再嚴格些。通過深入學習戒條、戒律的內容，以及如何實踐它，可以更好地理解這些戒律。

持守五戒

我們進一步解說五戒的內容：

1.不殺生

殺生是指對某一種生命造成的傷害，最嚴重的是殺害人。此外，在現實環境裡，有許多與我們共處的動物，而人類為了生存可能需要捕獵動物，也因此造成了殺生。一般來說，這種情況不算很嚴重的錯誤，很多國家的法律，對此都沒有硬性規範；不過，從佛教的角度來看，佛教強調對生命的尊重，平等以待。不僅是人，對於人以外的其他動物，也應盡量不傷害牠們，這才是佛教認同的行為。

此外，佛教對戒律的制定，在道德行為上的標準，比一般的世間法律要求更高。這一點從不殺生戒即可得知，佛陀對我們的要求是盡量不傷害生命，不論體積大小。

然而，這個規範落實到現實層面，還是有輕重程度的差別。其中，最嚴重的殺生，是傷害人，最重者是傷害父母、佛陀，以及僧人；比較輕微的是動物，有些動物比較大、靈性比較高，牠們受到傷害時，流露出的智商、感情與反應比較明顯，像這類動物應盡量減少傷害牠們的行為；再輕微者，則如蟲蟻一類。儘管殺生的輕重程度有別，但我們應盡量不傷害生命。我們要愛護和尊重眾生的生命，這是修行上必要的心理建設。

佛陀制訂不殺生戒時，看到的已是完整的、環環相扣的生態鏈。了解這一點，我們將戒律的精神落實到行為上，就能從消極地克制自己不犯錯，擴展到更積極地護生。因為我們知道生物鏈實是相互影響的，當人傷害某一類生命，就可能造成其他物種的破壞，這是大自然的正常循環。能這樣看待，我們就會減少殺生的念頭，只要不起心動念，就會減少殺生的行為，這不僅對個人修行有幫助，也能對周圍產生正面影響，使善法發揮作用。

2.不偷盜

偷盜與人的財務有關。在人們的生存與互動關係中，每個人都有一些私有的權利，我們需要尊重他人的權利，同時也要保護自己的權益。侵略、搶奪或偷取財物，嚴重者可能會傷害他人的生命，因為奪走的可能是對方最需要的東西，造成無法繼續生存。較輕微的狀況，則涉及到個體的私有觀念。人皆有自我意識與私我觀念，我們都不希望遭受他人的干擾或侵犯，同時我們也應避免侵犯他人的權利，比如私下占有他人的財物等。

在日常生活中，尊重私有權的態度，有助於保持人際間的信任和共享狀態。更進一步，我們不僅不去侵犯他人財物，假如自己有足夠的能力與財物，在發現有人需要幫忙的時候，應當主動布施財物，這樣的行為就彰顯了這條戒法的雙向性，一方面是透過持戒來保護自己，另一方面是透過布施來幫助他人。

3.不邪淫

基本上，在家人都有自己的家庭，而夫妻是家庭的中心人物。家庭的穩定是社會安定的重要因素，許多社會問題往往源於家庭的不和諧、不穩定，特別是夫妻之間的不信任。在《善生經》中，提到了夫妻應該如何相待。夫妻之間如果能建立信任、尊重，共同分擔生活中的責任，家庭將更加穩定，也能減少一些導致社會動盪的因素。

保護家庭不僅是為了自己的福祉，也是為了社會的和諧。我們需要避免侵犯他人家庭的行為，特別是類似邪淫的行為。這種侵犯他人家庭的行為，往往導致社會的不和諧。因此，我們除了要照顧好自己的家庭外，同時也要尊重並保護他人的家庭。

持守不邪淫戒，不僅僅是為了自身的持戒，以及保護自己的家庭，擴展到社會上，還能產生和諧穩定社會的力量，由此彰顯了這條戒法的積極性。

4.不妄語

一般來說，妄語泛指欺騙性的言辭，延伸出去則包括兩種情況：一是為了私利而說些討好他人，卻對他人無益的話語（綺語）；二是挑撥他人關係，可能造成誤解與衝突的話語（兩舌）。我們應避免使用這類無意義，可能引起誤解或衝突的語言，而要多說「正語」。

所謂正語，在八正道中，強調正語是所說的話應對他人有利益，並且能夠鼓勵和幫助他人。這包括給予他人安慰和力量，尤其當他們面臨困難或死亡時。這正是一種無畏施，在這類情況下，正語能夠給予他們信心，面對困境。

然而，正語也需要靈活運用，有時為了幫助他人，我們可能需要說出一些不完全真實的話，以減少對方的傷害。這涉及到語言使用的善巧方便，我們要考慮到對方的好處和利益，並以巧妙的方式運用語言。

此外，我們也需要認識語言的影響力，有時候言語帶給人的傷害，可能比實際行動更嚴重。語言做為一種鋒利的工具，我們要善用其技巧，確保它能夠在利他的層面上發揮作用。

5.不飲酒

在一般社交生活中，如果能意識到酒精可能對生理和心理造成的損害，便會儘量避免飲用。雖然最好的情況當然是不飲，但是飲酒戒並非根本戒，所以守持程度會比較寬鬆。有些人主張酒是健康的飲料，也有人需要以酒做為藥物治療疾病。在這些情況下，戒律的嚴格程度相對輕微；然而，如果守持此戒，則必須堅持不飲，除非經醫生指示必須使用，則可以暫時捨戒，這樣所犯的戒便很輕微，待日後病情好轉，則必須重持此戒。

此外，飲酒戒在菩薩戒中有一個特殊情況。菩薩戒明定，不能沽酒、賣酒或拿酒給他人飲用。假如你為了守戒，自己不飲，卻鼓勵他人飲用，就跟賣酒的人拿酒給別人喝一樣，這比自己飲酒還要嚴重。這是因為你明知酒精可能傷害他人，為何還要讓別人受傷呢？換句話說，守持菩薩戒時，你不但只是自己不飲，也不能鼓勵或提供給他人飲用。

佛教對於持戒的標準，會是因人、因事而異。大家可以根據戒律的標準，再對自己提出更高的要求，以確保堅守不犯。能守好戒，就能為修行奠定堅實的基礎，不斷提昇修行的境界。

戒律的普遍性功能，在於防非止惡與促使善行。從佛法的角度看，因戒律對人的行為要求較高，所以戒律的守持，對於修定和修慧都有一定的幫助。

持戒對於禪修非常重要，然而，有些修禪者認為禪修非常自由，只需開悟，達到「空」的境界，便可什麼都不理，因而忽略了戒律，歷來祖師稱這種禪為「狂禪」或「野狐禪」。因此，在此提醒大家，在修禪的同時，我們也應注意日常生活中的行為，並且給予一定的戒律保護。甚至可以說，禪修者其實更需要注重細節，因為這些都對修行有所助益。

安忍波羅蜜

持戒是從個人的行為角度出發，強調行善與止惡，但是從外在環境的角度來看，則可發現社會生活呈現的各種狀況，有時會讓我們難以接受，這些無法忍受或無法容忍的情況，也是許多修行人在行善過程中必須面對的。

我們每個人都擁有一套衡量自己、他人或整個社會的標準，這些標準可能來自佛法的角度，也可能緣自於自我的期待或要求；然而，在現實生活中，我們常常會遇到無法達到這些標準，甚至與之相反的情況，此即為逆境，或稱為逆緣。

遇到逆境時，很多人會感到難以接受，也就是不能忍，但佛法修行則要我們學會忍，認為這是面對生活、面對人生的一種修養。如果我們總是從比較負面的角度看待事物，很多情況就會被視為是逆境或逆緣，這些逆境可以從個人層面的小範圍，擴展到整個社會或國家，而衡量的標準也涉及到個人的主觀認定、社會的普遍認知，甚至是國與國之間必須遵守的規矩。

我們生活的娑婆世界，與淨土世界截然不同，淨土的一切都是清淨的，而娑婆世界則充滿雜染，充滿眾生的煩惱。每個人都有一大堆的煩惱，當這些煩惱與其他眾生的煩惱交織在一起時，煩惱層層堆疊會讓人忍無可忍，我們就可能無法忍受、無法接受，因而爆發負面的反應和情緒。

俗話說：「拿別人的錯誤來懲罰自己。」在現實生活中，我們經常因為別人的錯誤而生氣，甚至口出惡言，而我們的這些言行所造作的惡業，其實都傷害了自己，這樣的現象在生活中相當普遍。面對這些情況時，我們能否先把心安定下來，尋找解決之道呢？解決問題的方法各式各樣，沒有絕對的一套處理方式，而安忍是其中的方法之一，主要是從原則性的角度來處理這些情況。

在這個世界上，我們往往面臨著各種天災人禍的現象，包括各種人類行為造作的後果，以及地、水、火、風（四大）等自然災害。此即我們所依住的器世間（無情世間）所呈現的真實樣貌，這些災難會讓人生起各種煩惱，產生許多負面情緒。

面對天災人禍，我們往往難以妥善處理，因為這些災害可能威脅到我們的生命，而眾生普遍都有貪生怕死的心理。在這樣的狀況下，我們自然容易產生反彈，有的人還會出現強烈的情緒反應，甚或將憤怒發洩在他人或外在的事物上。

從生命的角度來看，這些反應基本上是正常的，因為大多數人遭遇相同的狀況都會出現類似的反應；然而，我們是否能夠透過修行的方法更好地緩解這些情緒，即使面對困境也能夠更好地處理它？這就是「安忍」。佛法的「生忍」（眾生忍），以及對眾生的「法忍」，都是我們所要學習的功課。

以四它為安忍的方法

關於安忍，有很多的方法和教導。而聖嚴師父的教導非常出色和完整，也就是「四它」：面對它、接受它、處理它、放下它。這是一個原則性的指導，雖未直接提供具體的解決方法，卻非常重要。因為實際面對問題時，如要針對每個問題給予個別的建議，將會耗費大量的力量，而且無法確保事情得以妥善處理。透過原則性的教導，我們可以根據自身能力和內在修行的方法，將此一原則應用進來，使用一些技巧、觀念或資源來處理問題。

初學禪修者通常會遇到兩大問題：一是身體的不適，二是妄念不斷生起。我們通常不但不願意接受妄念，甚至會抗拒，然而，抗拒只會使問題變得複雜與嚴重，因為試圖排斥妄念的念頭，本身就是更大的妄念，只會製造更多的妄念。

當修行遭遇問題、方法沒有用得很好時，有的人會不接受這個事實，自以為用功得很好。先前曾提醒大家，如果是用意識在用方法，便很容易自以為達到了某種境界，或有什麼深刻的體驗。像這樣的禪修者，如果老師建議他們接受事實，回頭來練習最基礎的工夫，他們往往不僅不願意，也不肯承認自己的問題，而繼續執著於錯誤的方法。結果就是不論他們用功了多少年，都是在同一個地方打轉，無法將問題處理好。

聖嚴師父的「四它」非常有用，首先是要面對自己的問題。這是以一種相對中立的態度來面對問題，而非將自己的好惡投射進去。舉例來說，當身體感到不適時，我們不應立即產生煩惱，也不要辨別它是不好的。因為疼痛在本質上只是一種觸覺，但當我們將疼痛的觸覺與苦的分別聯繫起來，就會產生抗拒的心理。

面對妄念時，要提醒自己這些都只是念頭而已。不論它的好壞、善惡，都是我們心理正常運作的一部分。雖然這些念頭可能又多又擾人，但構成干擾的原因是因為我們不喜歡它，先對它進行了分別，認為它是不好的，而心生抗拒。所以，面對妄念時，首先要保持中立，放下所有的情緒，不要用主觀的感受分別好壞。疼痛只是一種觸覺，之所以認為苦，是因為我們將感受加諸其上，這也是一種妄念。我們不喜歡它，是因為我們認為這種疼痛中帶有很多煩惱。所以，我們應以正常或中立的態度來面對它，這是一種較接近中道的方式。面對之後，接著就是接受這個事實。我們接受痛、接受妄念、接受我們的工夫真的用不好，或是沒有把握到方法的技巧，所以用方法時，加入了太多自己的意識與妄念。如果能夠接受這些，就可以好好地處理問題。

處理的方式很多，也有很多技巧。比如痠痛，首先你要接受這個感覺，坐在那裡用心觀察這種痛覺，觀察它的變化，你可能會發現這種痛覺並沒有帶來什麼干擾。另一個處理方式是學習運用方法，將你的專注力轉移到方法上。這樣一來，一方面可以先避開痛覺的干擾，另一方面也能夠凝聚心力。有時當你發現方法用得不錯時，會感覺痛覺已不對你造成干擾，因為你已經處理好了。有時處理的方法沒有用得很好，還是起了些煩惱，那也沒關係，就接受它，畢竟你也處理了，坐完這支香後，就放下它。

處理的過程可能並不總是順利，有時方法無法解決問題，即便如此，你仍然面對它、接受它、處理它，並在適當的時候放下它，等待下一支香再重新調過。如此一來，每一支香你都可以面對問題，並且接受它、處理它，最後再放下它。由此可見，「四它」實則是「安忍」的實踐。

師父用「四它」的這個字眼，用得非常善巧，雖未直接使用「忍」字，但整個過程實際上就是在實踐「安忍」。忍的核心義涵即是接受。當你接受了一切，後續的問題便能相對簡化，也會更有信心和方法去處理。處理過後，無論結果如何，你都能夠自在放下。

禪修是訓練安忍的工夫

至於禪修，實際上，這也是在訓練安忍的工夫。師父教導方法時，強調的是

「安」──安心。安心地面對、接受，然後處理、放下。安忍可以透過禪修培養，為我們提供了內在的力量，使我們能夠更好地處理外在更大的問題。回歸到每個人自身，則可以將「四它」的原則與次第，應用於日常生活中。儘管問題不一定總能完全解決，但在適當的時候學會放下，當遇到更大的問題時，如果我們也是依循這樣的方式，就能把可以處理的問題處理好。安忍的練習不僅適用於禪修，還能運用於日常生活。當你經歷了安忍的修行，學會了四它的原則，就能更好地應對生活中的種種挑戰。

師父提到了一個實例。當臺灣發生九二一地震時，很多人前去參與救災，幫忙的人是行財布施與無畏布施，人們可能覺得這種行為很了不起。然而，師父的觀點更加深遠，他認為前去救災的人是菩薩，而受災的人則是大菩薩。因為受災的人需要更深層次的修養，也就是安忍，他們需要面對、接受、處理，並最終學會放下。

災區民眾在面對災難時，能夠用自己的方式處理好問題，並在受災的同時給予他人行布施的因緣，這是一種菩薩行。師父以這樣的角度，看待現實中的災難，的確很有高度，也不容易做到；但這樣的觀點一提出，對於災區民眾而言，在心靈上是很大的安慰，讓眾人面對災難時，皆能發揮菩薩的精神。當時師父的觀點，在社會中產生了積極的影響，教導大眾以安忍的角度，看待受災受難的人。

無生法忍的菩薩智慧

我們如果能將安忍的觀念應用在禪修中，不斷練習並培養這個原則，當面臨更大的問題時，即可運用這個原則，採取適當的方法處理並解決問題，這就是安忍波羅蜜。

聖嚴師父能夠將佛法說得那麼深刻，是因為他的體會不同。在菩薩道中，安忍更深層次地體現為一種智慧，稱為「無生法忍」。無生法忍表示已擁有般若智慧，菩薩修行即是安住於此。由於對佛法的因緣生因緣滅有深刻理解，而能見到不生不滅的法，是為無生法，擁有了這樣的智慧後，所有的問題都不再是問題了。

這也解釋了為什麼菩薩或大菩薩入世廣度眾生時，能夠面對眾生的種種問題，即使度化眾生絕非易事，但他們都能安心地做到，即是因為他們擁有般若智慧，能夠安住在無生法忍之中。師父透過更高的視角看問題，看到一般人行布施或受難時所看不到的層次，這就是一種智慧。由此可知，安忍的更高層次，即是無生法忍。

在修定修慧的過程中，如果能有此體會，我們在世間種種弘法利生的工作上，就能做得非常安心，不會有任何疑惑，而且能充滿信心地面對一切問題而不起煩惱，此即無生法忍的高層次體驗。

精進波羅蜜

每位禪修者參與禪修的練習與課程，因緣各有不同，因此，課程的安排方式也很多元。有的課程較短期，或僅為一堂課；而有的則可能長達一到兩個月。還有的會在一段期間內，安排固定的恆課，比如每週一或兩次，每堂課一至兩小時不等。有些地方在舉辦禪修活動時，會有限制時間；有的道場則是長時間開放，歡迎所有有心要修行的人參與；而有的則是固定性的，比如每週在固定的時間，讓大家參與共修。

由此可見，禪修課程有多種運作方式。有些課程要求較嚴格，比如每週上一堂課，參加者必須全程參與；而有些課程條件則相對寬鬆，可根據個人興趣參加，或是時間配合不上的某些課，缺課也是允許的。總之，各種彈性安排在許多道場中都很常見。

在中國禪宗的叢林中，禪堂是非常重要的部分。這些叢林通常是大型的寺院，內部擁有各種不同功能的區域，而禪堂在其中占據著核心地位。幾乎每天都有人在禪堂裡用功，有的甚至多達數十到一、兩百位僧眾，他們會在禪堂內日日不斷地用功。類似這樣的叢林，因長期提供給各地而來的禪眾參與修行，所以禪堂運作會非常嚴格。

在古代中國的叢林中，長期用功是很普遍的作法，儘管叢林制度後來漸趨衰微，一些禪堂停止了運作，但近代又有一些地方的寺院，重新恢復叢林的運作方式。這些叢林不僅每日持續用功，而且還會在冬季年底，進行「安居」的儀式。

安居在佛教僧團裡，是一個重要的儀式。印度的夏季降雨較多，蟲蟻容易出現在路上，會造成出家眾外出托鉢的不便。因為印度的傳統，出家人完全不沾飲食與炊煮，全賴信徒的供養，而這種托鉢的生活方式，不僅僧團如此，凡是印度的修行者，基本上都過著這樣的生活。這些修行者被稱為「沙門」，即出家眾。因此，當夏季降雨增多，托鉢變得不便，佛陀發現此一情況，便依循當時沙門既有的制度，制定了「安居」。

我們稱為的「夏安居」，則是根據中國的季節來計算。印度分為雨季和旱季，而且無中國的春、夏、秋、冬之分，而中國的夏季正值印度的雨季，所以此時出家眾就停止托缽，都留在寺院內。

一般上，安居通常從中國農曆的四月十五日開始，一直持續到七月十五日。安居期間，在寺院的多數時間，一定是在用功，佛陀也會趁此給予大眾更多指導。此外，信徒如果要進行供養，必須親自前往寺院，而此時出家眾不需進行雲遊或托缽，這三個月都會在寺院裡精進用功，這也給了信徒更多親近寺院的機會。

對出家眾來說，經過三個月的精進修行，夏安居的最後一天標誌著「結夏」，就像是解封了一樣。結夏的這天，也稱為「僧自恣日」，出家眾可以自我反省、檢討，或互相交流並報告修行的心得。此外，這一天也稱為「佛歡喜日」。其實佛每天都歡喜，哪有一天不歡喜的呢？但這一天特別，因為經過三個月的用功，許多出家眾都會證得果位。因此，在自恣檢討的時候，弟子們將證果的心得報告給佛陀，佛陀就覺得這個日子特別好，所以被認為是特別值得歡喜的一天。

當安居的方式傳入中國後，各地的佛教叢林也紛紛採用。但不同的是，由於中國緯度高於印度，四季較分明，如果是在中國的夏天安居，可能會造成不便。因為中國的叢林通常擁有自己的果園和田地，即使在夏季，寺院仍需自給自足。依照農曆耕種食物的方法，在播種的春季之後，夏季是處理各種農作物的繁忙季節，比如除草、施肥和澆水等工作，都於此時進行。到了秋季，則開始收割，糧食在秋季就變得充足。而在寒冷的冬季，則進入較長的休息狀態，並於此時保養身體。也因為農耕活動有所限制，人們有更多時間進行修行。因此，中國叢林便根據季節的運作，把安居放在冬天，所以稱為「冬安居」。

一般來說，平時的叢林，即使有人在禪堂內用功，但整體仍維持正常運作，包括接待遊客和進行農耕等。而在冬季，大多數人進入休息狀態，叢林就會在安居時，舉辦禪修，像是禪七等較密集的課程。

寺院通常都非常重視冬安居的精進修行，大部分的住眾和外來的僧眾、禪眾都會利用這三個月的時間親近叢林，進行密集的課程。在這段期間，禪修課程的安排，會較平時更加嚴密，打坐時間更長，很多禪眾會直接住在禪堂內，打坐與睡覺的地方在同一處，以便隨時打坐用功。這樣的修行方式，吸引了許多出家與在家眾，紛紛放下一切事務，於此期間進禪堂用功。

精進用功辦道

由此可以看出，為了修行成就，我們需要以非常努力的方式來用功，佛教對於這樣的用功形式非常重視，稱為「精進」。「精」指專精，也就是在修行時，能把一切事務放下；「進」則是進而不退，意指用功過程中，能持續不斷地向前進步。

這種方式對於所有叢林的運作，以及禪修課程的安排，都非常重要。因為就六波羅蜜而言，精進是趨向出世間，因此，要進入禪定智慧時，必須採取精進的用功方式，因為不論是要通往出世間的解脫，或是出世間的菩提大道，精進都是必要的一種力量，重要性從叢林與佛教僧團的整體運作來看，即可見一斑。修行對每個個人而言，都是非常重要的，當你能夠體會到這一點，這一個正見就能讓你具足信心，以精進的方式用功。

但是回顧我們在現實中的種種行持，便會發現我們的用功程度其實很淺薄，因為大部分的功課都很短暫，即使有參加一些寺院例行的課程，但時間可能只有每週固定的一、兩天或幾個小時。不過，這樣的方式對許多人來說，是比較可行的，特別是對一些正處於創業階段的年輕人，要安排時間參加密集課程，還真是不容易。話雖如此，但只要有機會，還是建議大家要盡量來參加密集課程，於此期間放下萬緣，專心致志地用功。

想要精進用功，必須具備很好的條件。佛教的各個教派都採取出家或專業的方式來用功修行，因為唯有如此專注、投入於修行，方能產生強大的力量，解決究竟的生死問題。唯有精進，才能通往禪定與般若。

然而，佛陀也了解對於大多數信徒，要達到這種用功程度相當困難，除非進入僧團過著僧團的生活，假使是以在家居士的身分，要做到實屬不易。因此，當談到六波羅蜜，精進被安排在第四個位置，前面有布施、持戒、安忍，這些涵蓋了世間的實踐，同時也觸及到出世間的層面。

本次課程的安排，先講述般若和禪定，以建立核心思想，即因緣觀念，再透過禪修去印證。要注意的是，講述此一理論的同時，除了關乎出世間，也不能脫離世間，因為出世間必須建設於世間的一切基礎之上。因此，我們接著又談到了世間的各種善行，這部分結合先前已談過的般若，便又從世間延伸到出世間，而形成一個很完整的理論建設。

由此可見，佛法的修行是一套完整的體系，所涵蓋的行持是方方面面的。然而，現實生活中，包括未受佛教影響的各種人群，他們也都能實踐一些普遍的善行，這就衍生出一個問題：佛法究竟如何展現其獨特之處呢？

佛法的特色，在於其不僅局限在世間善法，更能引導大眾通往出世間。舉例而言，在實踐善行時，我們不僅看到一般善行的運作，同時還能將對因果理論的深刻理解，融入善行的實踐中，藉此讓我們在行善時，有清楚的方向與目標。這讓我們不會停滯在一般的善法而以為滿足，而是以此為基礎，要求自己做得更好。

以精進貫穿世間與出世間的所有行持

佛法的布施，是以做到最高層次的奉獻為目標；持戒方面，則對於止惡，尤其是極細微的不善念頭，都必須加以重視；至於安忍，一般人提到忍時，可能只能談到某個程度，一旦遭遇較大的、衝擊性很強的逆境，或各種認為不公平的現象時，還是很容易做出還擊，然而佛法修行，尤其是菩薩道的修行，即便面對強烈的逆境，也能平和面對，安心接受，這歸因於對無生法，也就是般若的深刻理解，而得以有更深層次的行持。

布施、持戒、安忍這三個波羅蜜，如果我們依序直接談，並不容易談得深刻，所以我們的方式是，先從般若談起，建立最核心的思想，再回顧我們實踐善行時，如何賦予這三者更深的層次和目標，把它們做得更好。這時便發現，精進真的太重要了！它必須貫穿所有行持，也就是說，在每個波羅蜜的運作中，都需有精進的動力推動方能完成。無論我們在行出世間的布施、持戒或安忍，精進一定都在其中發揮很大的作用。

在佛法的道品裡，包括戒定慧、八正道、三十七道品等，精進無所不在。它貫穿於每一個重要的行持道品之中，為修行注入強大的力量。當你對佛法具足正見與堅定的信心，精進的動力將從內心發揮出來。其中，最遠的動力所欲達成的終極願望，就是〈四弘誓願〉，想要完成就必須精進。無論淺深的所有修行，精進都發揮著不可或缺的力量。回歸現實，要達到如此高程度的精進當然不容易；然而，我們應保持一種態度，即所有的修行都須具有持續的力量，這點至關重要。

其實，動一個行善的念並不難，但要持續保持這樣的動念，並不斷地實踐直至完成，就不容易了。這就是精進。換句話說，我們做任何事，包括修禪，都應有一種持續性的力量。舉例來說，如果你每週例行安排一、兩天，或一年安排若干次的密集課程，這雖然相對於叢林的用功方式還是太弱，但只要保持用功的心態並持續不輟，這也算是一種精進。例如，在固定的時間內進行用功，自己安排用功的事務，參加密集課程時更專注地進行修行，對於許多學佛修行的人而言，這已經算是一種精進。當然，如果有因緣進入僧團，在叢林中精進，這樣當然是最理想的。

精進的方式與程度雖有不同，但皆具有相同的核心觀念：持續性的用功。所以我們常說「不忘初心」，因為初心充滿力量。而我們要持續地勿忘它，並保持初心的單純與專精，這樣才能更有力量地持續精進。

因此，除了初心，還要有長遠心，也就是持久地用功，兩相結合即是精進的體現。相信大部分的同學，都能以這樣的態度用功。把這樣的修行方法帶回生活，平時若有用功的因緣，無論是參與共修，或是獨自自修皆可，如果有密集課程，能參加當然是最好的。如此一來，也可算是一種精進的方式，雖然相對淺薄，但只要動力和願力俱在，長期用功下來，就會有力量，並能發現自己不斷在進步。只要有用功，就會有進步，這就是一種精進。

卷七

禪修貫通六度

六波羅蜜涵蓋所有佛法修行

大乘佛法的修行，即是六波羅蜜，其實已涵蓋了所有佛法的修行。六波羅蜜包括：布施、持戒、安忍、精進、禪定、般若，此六度法門即是大乘菩薩道的修行方法。

在世間法的運作中，將布施、持戒和修定，稱為三福行，意指修此三法能獲得善的福報。

從佛法的角度看，善的福報是建立在緣起、因果和輪迴的觀念上。每一道眾生的顯現，皆緣於不同的果報，亦即通過行為上的種種造作產生的力量，形成了「業」，業會招感不同程度的果報，而果報的基本分別，則是善與惡。

在現實生活中，即使沒有將修行的方向趨向解脫道，我們在行布施、持戒，或修習禪定時，仍能使身心獲得安穩，由此可知，三福行是世間法所必修的。

如果修行方向趨向解脫道，則必須培養智慧。著重個人解脫的修行，特別注重個人的戒行，通過持戒和修定，方能發慧、出世間。這是解脫道的修行。

如果修行方向趨向菩薩道，則需要培養福德因緣，並和眾生廣結善緣。為此，除了需要實踐「布施波羅蜜」，為了不傷害眾生，還需要「持戒波羅蜜」，而在度化眾生與守戒的過程中，當面對各種天災人禍等不順己意的災難與困境時，則需要「安忍波羅蜜」。

想要出世間，就要修定、修慧。而菩薩道的修行，則須有更多的行持，因此特別強調以「精進波羅蜜」貫穿整個修行過程。所有的佛法修行，特別是趨向出世間的修行，精進皆不可或缺，所以八正道列入「正精進」。雖然在佛法的世間法修行中，並未特別強調這個部分，但若希望在世間法能更好的修行，就需要以精進的力量來貫穿。

了解修行所需具足的各種行持後，可知世間法、出世間法以及菩薩道，皆各自有不同的重點。通過自我反省和觀察，或許有人覺得自己更傾向於修持世間善法，認為能夠做到這種程度的行持，已經相當不錯；也有些人可能希望專注於修持出世間法，以解脫煩惱與生死輪迴；還有的人認為自己的能力，能藉由不斷地培植而更添力量，所以選擇行菩薩道。當然，這是一個很好的選擇，因為當我們有著追求更大目標的願力時，就會更加努力、更加精進，致力於達成目標。

每個人都可以依據自己的意願做選擇，而這些選擇不論在修行的程度上是深是淺，只要是趨向善法的修行，都是正道。為了能做出正確選擇，非常需要具足正見。所謂的「正」，是指朝往正的、善的方向而行，以完成正確的目標。依「正見」選擇最適合自己的「正道」，然後就順此道而行，努力做好自己的行持，直至達成目標。這也就是修行。

法法貫通

對於修行，還須建立一個觀念：佛法的各種修行，實際上皆可互相貫通。雖然每個法門都各有重點，比如講布施時，著重於分享和奉獻；講持戒時，強調自身的防非止惡，但布施中也含有持戒的作用，而持戒的本身也是一種布施，由此可知，法門之間是互融互攝的。

《大智度論》完整地講述了法法貫通的這一觀念。尤其提到六波羅蜜時，即指出各波羅蜜可相互貫通。舉例來說，當你實踐布施波羅蜜時，同時也包含了持戒、安忍、精進、禪定和般若。換句話說，每個波羅蜜在實踐時，都能涵蓋到其他的波羅蜜，即便專注於行持某一法門，但如果行持得很完整，其他的波羅蜜便會自然地含攝其中。

對於行六度善法的人來說，這樣的觀念很有意義。此外，還要強調的一點是，所有善法的建立，皆依於因緣果報的法則。之所以再次強調這一點，是因為有些人在行善時，會自以為做了很多好事，卻忽略了行善不僅僅是分享財富與資源，還需要顧及到不傷害到他人。

有些做了許多布施的人，在面對問題、障礙等種種不好的果報起現行，便感到困惑，認為自己做了這麼多好事，為何還會遭遇不好的果報？他們沒有反思在行善之外，或許也做了些惡行，而這些行為可能影響甚廣，並造成很大的傷害。由於對緣起法的認知不足，他們便偏狹地認為，自己做了許多好事，就不該得到不好的果報，類似這樣的想法，在學佛人之中所在多有。從因緣果報的角度來看，實踐善法的同時，要明瞭善法也涵蓋了不造成對眾生傷害的種種行為，才能避免造作不善行，產生不好的果報。

我們必須對佛法的法義有一完整的理解，方能貫通各種法門，並實踐於生活中。當我們對法義有較完整的理解後，就能貫通並實踐於日常生活。舉例來說，在布施時，我們會意識到當下的作為，也含攝了持戒、安忍、精進、禪定、般若等波羅蜜；同理，在實踐其他的波羅蜜時，也能看到布施波羅蜜的精神與意義蘊含其中，如此一來，無論行哪一個波羅蜜，都能與其他波羅蜜相通。即使無法做到全部的波羅蜜，但在致力於某一方面的同時，也能知道它們彼此間的連貫性，如此在修行上，就能設法讓不同法門協同運作，於實踐某些善法時，可避免出現偏廢的狀況，比如行布施時，會同時守好戒律，以避免不當的行為。

因此，在實踐的層面上，必須了解法門之間的互攝貫通，如此一來，不論是從哪一個法門入手，都能更全面而完整地涵蓋所有佛法修行。

輕忽戒行和安忍易形成妄念

理解六度是法法貫通後，我們再回到禪修方法的探討。有些禪修者以為可以不守戒律，只要禪修證悟即得自在，做任何行為都不再受到果報。這樣的觀念非常錯誤，因為禪修必須依般若而行。般若講緣起、無常、無我、空，同時也講因緣生滅的過程，這種種現象是存在的，雖然不執著它，但還是會發生，一定要了解這個觀念。

禪修為什麼會有許多妄念呢？有一種狀況是，禪修如果忽略戒行，於現實生活中造作了種種不善行，這些都會在禪修時顯現為各種障礙，而妄念是最明顯的障礙。妄念包含各種不同程度和性質的念頭，干擾人的通常都是不好的惡念，而這些惡念的產生，往往緣於日常生活未能守好戒律所導致的不善行。沒持守好戒，傷害了人，就形成為「業」，這些業會含藏在我們的意識裡，待打坐時，便以妄念的形式起現行。

還有一種狀況是，平時我們沒做什麼壞事，卻很容易起煩惱，遇事時很容易起瞋心。這些負面情緒一生起就會引發某些行為，而這些行為可能會傷害到他人。這是緣於缺乏安忍，以致不能面對、接受種種違緣，並產生各種強烈的煩惱，這些煩惱會形成妄念，於打坐時帶來很大的干擾。

打坐時，如果感到妄念讓人不適，妨礙修行，你可能會試著趕走它，但是你的安忍波羅蜜就會隱而不現了，因為試圖排除妄念的念頭本身，就是一個更大的妄念。如果你無法安忍，就會製造更多的妄念。

因此，禪修者要學會面對、接受，然後回到方法上。在此過程中，把妄念放下，把自己工夫用不好的心理障礙也放下，唯有如此，才能把方法用好。

如果在日常生活中，能把戒守好，少造惡業，妄念自然減輕。有些人負面情緒很多，遇到事情只會抗拒，讓自己情緒不斷波動，一打坐情緒就爆發得更厲害，這時別說什麼禪境，任何工夫都用不上去了。因此，平日要多安忍，少動不好的心念，就能少造惡業。

多行善培福

平常要多行善，這是一種福行。當你做事時，會發現常有外在的因緣輔助著自己，這些外在的因緣，很多是你造善業時所結下的善緣。

但如果平時沒有多行善，以為只要禪修就好，而不理會其他事，沒有培養福報的結果，當想進行禪修時，才發現自己沒有足夠的福報，周遭都是不善的因緣，一點福報因緣都沒有，以致出現的都是會讓我們以抗拒的心面對的一切。如此一來，想要擁有禪修體驗或進入安定狀態，都不太可能，因為有太多負面的因緣在作用著。

因此，平常就要多行善法、多布施，這會有助於培養福報，結下更多的善緣。同時，在生活中不造惡業，減少不善的因緣，這樣即使打坐時出現干擾，便都能安心地接受它，而非抗拒它。

有的人以為所謂的忍，就是強迫自己把情緒壓下去，但內心其實很抗拒，這個抗拒的心之所以沒有現為行動，是因為自己沒有力量，只能把情緒硬壓到心裡，一旦打坐時，這些情緒就會爆發出來。

六度具足好禪修

單單一個禪修法門的運作，其實是必須具足各種修行。或許你認為自己獨自修行即可，但事實上這是非常困難的。因此，在日常生活中多行善事、多結善緣，並經常施行各種布施，你會發現你愈願意與他人分享知識、分享佛法，你的成長速度將會愈快。透過幫助他人減少負面情緒並克服恐懼，你的信心也會更加堅定。

當你在布施時，就是在為禪修扎下一個安定的基礎。此外，如果你能好好守戒，並在面對生活中的種種問題時，以安忍的態度來處理，這樣一來，當你進入禪修時，會發現少了很多障礙。

安忍的工夫之於禪修很重要，不只是初學禪者，即使是老參，打坐時出現問題時，都可能採取抗拒的態度，而非以安忍的心態應對。實際上，如果能安忍，就能面對它，完全接受它，這也包括當你感到疲累、渴望休息，卻仍想要持續精進用功時。

有一種精進，稱為「休息力精進」。原來，休息也是一種精進。當你發現自己精力不足時，不能強要自己拚命用功，有的人可能錯誤地認為這樣才是精進，但事實上則是相反，當你感到非常疲累，就要好好地放鬆自己休息，抒放身心的疲憊，這樣才是真正的精進。因此，要培養安忍的心，方能以安定的情緒面對禪修時的各種問題。

我們要在平時培養、運作這些工夫，並將它們融入生活中，這樣打坐時，工夫會用得更好。此外，更重要的是要有因緣觀念。要知道所有問題的出現皆是因緣，因緣生、因緣滅，這些障礙和問題會發生在你身上，一定與你有關，絕非無緣無故或他人所致。有些人打坐出狀況，完全不反省自己，習慣把責任往外推，認為是別人干擾到他們，這樣就是沒有因緣的觀念。有了因緣的觀念，知道凡是發生在自己身上的事，必與自己有關，便能就用安忍的工夫面對這些狀況，好好地處理它。因此，安忍也是一種智慧，無生法忍亦然。

由緣起觀察，進而了知法的本性，比如無常、無我、不生不滅、空等更深刻的道理，如此一來，當你面對種種問題時，就能以安忍的態度接受一切。因為你知道有法在引導你，直至你印證了無常、無我、空的法則後，就能從所有煩惱中解脫出來。

以禪波羅蜜貫通六波羅蜜

透過實際參加禪修，即可了解禪修需要貫通每一個波羅蜜。龍樹菩薩所著的《大智度論》，善巧地將六波羅蜜連貫起來，所以這部論典非常重要，當它傳入中國後，智者大師便以「禪波羅蜜」為中心，指導修行。智者大師不但將中國禪法的次第建立得非常完整，同時又深入地講解了禪波羅蜜的道理，包括講述《小止觀》、《六妙法門》等禪修的止觀法門時，他都會將六波羅蜜涵攝於其中。

中國歷代的祖師們會以各種方便，幫助我們將六波羅蜜連貫起來，並用禪波羅蜜來涵攝其他波羅蜜。這樣的教學方式，有助於建立更完整的修行系統，並貫通於現實生活。這點對於禪修非常重要，修行不只是打坐，禪更是離不開生活，所以唯有貫通六波羅蜜，禪修才有穩固的基礎，而能發揮最大的力量，幫助我們完成禪修的終極目標。

知緣起即智慧，由智慧引導行動

佛法是一種實踐之道，比如布施，需要實際去做；談到持戒，也需要實際去遵守。在修行過程中，也要分別行為的好與壞，並由內心湧現一股力量，推動我們實踐善行。至於如何辨別行為是好是壞呢？這就要回歸到智慧的判斷了。

緣起是佛法的核心，對緣起的理解即代表著一種智慧，對它理解的深度和廣度，決定了我們智慧的高低。隨著我們對佛法真諦的理解愈深，在應用於生活中時，這種智慧就愈會顯現出強大的力量，讓我們在做判斷與抉擇行動時，擁有更為明確的方向。也因此，禪修與六波羅蜜都涉及行動，而引導我們如何實踐這些行動的，正是智慧。

智慧是理性的、冷靜的，因需要對所有事物進行判斷，所以要冷靜客觀地全面看待事物的因緣。因為智慧需要對前因後果進行判斷，包括周圍相關的因緣條件，所以在做出判斷時，它會符合當下的事實，換句話說，智慧能提供更明確、更正確的決定。

這也是為什麼本次課程，我們要先談論禪修中的智慧部分，說明這世間有善有惡、有前因後果，接著再談實踐部分，解說如何依智慧實踐這些教導。佛教非常重視實踐，而實踐則要依智慧的持續引導，無論中觀、唯識或《大智度論》，都非常強調以智慧引導修行的重要性。

我們做任何事，都要不斷地以智慧來觀照自己的行動，看清楚所做的事是否符合因緣的運作。透過這樣的學習，行動和理論就能逐漸結合起來，使我們的修行更加完整。

理性歸屬於智慧，至於實踐，也就是經判斷後付諸行動的行為，則歸屬於意志的表現。在人的心性中，兩者都是極其重要的功能。除了理性和意志外，人還擁有感性，歸屬於精神層面的作用。

關於實踐，主要是使用意志力來引導行動，而智慧為引導的基礎，因而偏向理性。一般來說，理性給人一種冷靜的感覺；而意志則涉及行動，如果缺乏理智的引導，行動就可能變得衝動；至於感性，則更加情緒化，這是從心理的角度而言。

人的行為有善，也有不善，不善的表現在心理上被稱為煩惱，它傾向於負面和惡性。煩惱可能影響我們的情緒，甚至遮蔽我們的理智；然而，心理也有善的功能，當它與善法相應時，就能發揮善的力量。

談到貪和瞋時，兩者屬於感性的作用，即情緒的表現，前者表現為愛染之心，後者則表現為瞋心。至於癡，則偏向於無知，即理性上的無明。貪與瞋這兩種感性作用，從身心角度來看，是驅使我們不斷造業的動力。當愛染之心生起，我們會去追逐事物；假如追逐不到，或境遇不如意時，則生起相反的反應，即瞋心。所以兩者實屬一體兩面，皆是感性上愛染的一種顯現。人之所以會起貪、瞋，緣於在理性上缺少正確的理解，或是不了解，這就是一種愚癡，使人的行動變得衝動，或是在感性運作時偏於染著、追逐和抗拒。還有一種狀況是，心理缺少一種引導的力量，也就是懈怠。缺乏強而有力的意志，會讓人不想做事。

修行必然包含心理上感性、理性與意志的作用，我們的目標是讓這些作用與善法相應。了解貪和瞋屬於感性的作用，是煩惱的表現後，我們就要轉化它們，以與善法相應，成為無貪和無瞋。

然而，一般觀念認為，無掉了貪和瞋，好像會使人失去力量，其實這是對心性的運作不完全理解使然。從正確的角度來看，無貪即是慈，無瞋則是悲，無癡則意味著沒有愚癡，沒有愚癡就是一種智慧。因此，在理性上我們具有智慧，在感性上我們表現出慈悲的心，在意志方面，我們保持精進不懈怠，當這些心理作用與善法相融合時，所發揮出的力量將引導我們朝向正面發揮，因此，無貪、無瞋的心形成了慈悲的作用。心如果是愚癡的，很容易讓貪和瞋的煩惱起作用，然而，當我們擁有無癡的智慧，感性作用就會顯現為一種慈悲，意志的作用則會促使人精進。

感性、理性和意志在運作時，需將它們融合成一體，雖然在正常運作下，我們可能感覺它們是分開的，但這是出於解釋時，為了更清晰地分析它們各自偏重的功能，因而需將它們區分開來說明。

我們已深入探討了意志，以及在運作中的精進。精進在整個過程中都扮演著引導所有善法的角色，這是因為智慧在引導我們。現在，我們將延伸討論無癡的境地，如何轉化為智慧，再進一步轉化為無貪、無瞋的心，使之轉化為慈悲的心。雖然無貪、無瞋在某種程度上表示為善法，但當我們談及慈悲時，它呈現出更積極、具有行動力的特質，具備行動的心理功能。

至此，我們已談到了意志，意志能促使人精進，並引導貫穿所有的善法。有了智慧的引導，我們即可依智慧，將無貪、無瞋的心，轉化為慈悲。無貪、無瞋表示心已在某種程度上斷除了煩惱，所以反映出來的皆是善法。由此可知，當我們談到慈悲，所呈現的將是一種更積極和具行動力的心性運作。

佛教重視慈悲

佛法特重慈悲，因為當感性的無貪、無瞋，轉化為慈悲的力量時，我們就能更好地發揮善法。換句話說，在運作理性和意志時，慈悲是一種積極的推動力，能夠更圓滿地發揮和維持我們的善行。

慈悲一直是佛教非常重視的心理功能，通過理論上的說明，能讓我們知道如何發揮慈悲的精神，成為意志的一種行為動力。反之，假如心傾向於煩惱，如貪和瞋，貪的一定是某種快樂，瞋的則是某些苦，無論是追逐快樂或抗拒苦，皆緣於自我為中心的一種染著之心。也因此，眼中追逐的快樂，只是個人的快樂，要抗拒的苦，也只是個人的苦，因為以自我為中心，所以追逐快樂的同時，會使我們忘記別人也有追求快樂的權利，因而將自己的快樂，建築在別人的痛苦上。之所以如此，是因為人在追逐快樂的過程中，往往以貪欲的角度看待快樂，以為快樂是一種有限的資源。這種觀點意味著為了追求快樂，我們就要將苦留給別人，而讓快樂屬於自己，並且占有它。這樣的錯誤思惟，在貪、瞋煩惱起現行時，會運作得更加明顯。

這種貪、瞋的心態，緣於我們過度染著自己，而這種染著則緣於無明。我們沒有認識到因緣法則，也不了解無常和無我的真諦，所以我們以為自己要的是快樂，而且快樂不僅要多，還認為是一直存在的，導致我們不斷用方法追逐快樂，並試圖占有它。我們將很多不好的事和痛苦丟給別人，只因希望自己能擺脫痛苦。這樣的心態，正是由無明和愛染所引發的。

有了智慧後，我們能夠理解緣起的法則，認識到因緣果報流動的過程。因此，我們知道追逐快樂並傷害別人，最終會影響到自己。同樣地，搶奪別人的快樂並使他人受苦，這樣的行為在人們共存的空間中，將造成許多問題，甚至形成強大的反彈力，而最終不善的果報，又將回到我們自己身上。至於缺乏智慧的人，往往會以這樣的方式處理事，這正是貪、瞋煩惱的典型運作模式。

消除自我中心

無貪、無瞋的心，表示已理解了緣起、無常和無我的道理，因此自我中心的執著將逐漸減輕，終而達到無我的境地。在此過程中，依然認識到快樂是我們所追求的，同時也是眾生追求的，因為所有眾生都渴望獲得快樂；而我們不喜歡苦，因此理解眾生也不喜歡苦。

當我們以貪心行事時，並不是給予，而是搶奪，將快樂占為己有，真正的慈悲，是將快樂給予他人，這也意味著分享。布施與分享是相通的，當我們感到生活非常美好時，我們就分享這份美好；同時，我們拔除自己不需要的痛苦和煩惱，也能幫助他人擺脫這些苦惱。舉例而言，如果我們每天都想吃飽，看到別人飢餓時，我們會希望減輕他們的痛苦，因為我們深知肚子餓是一種苦，希望他們也能獲得飽足的快樂。

這樣的一種心理，就是把心從占有和排斥，轉變為給予和拔除。因為有智慧的力量在幫助我們，所以能體驗到快樂，同時也拔除了苦。因此，我們能夠給予眾生快樂，同時幫助他們擺脫苦惱，這就是慈悲的心理，當這種心理發揮作用時，慈悲將會化現為實際的行動。我們在布施時分享快樂，看到別人受苦，則會想方設法幫助他們拔苦，或是透過守戒減輕眾生的恐懼痛苦，這一切的核心就是慈和悲，能給予快樂和拔除苦惱。

在幫助他人時，尤其是行布施，有時會陷入一種從眾或比較的心態，覺得別人都參加活動，自己不參加會失面子，或是加入慈善活動的動機，是基於一種競爭和好勝心，看到別人捐款，自己就要捐得更多。這些都是受到世俗善法的影響，因而夾雜了許多不淨的雜染心理。

真正發自內心的慈悲，則能完全撇開世俗，以真純的歡喜心，分享自己的快樂；看見別人受苦時，則會生起深切的悲憫，殫精竭慮地設法為對方解除煩惱。真誠的慈悲，絲毫不受到世俗的雜染，所以在實踐時，不會與他人產生爭執，也不會擔心被人瞧不起而逞強。真正發自內心的慈悲，一切的行動都是自自然然，而且是量力而為，能做多少就做多少，能幫多少就幫多少。

表面上看來，這樣的投入似乎並非完全地投入，但如果以慈悲心投入行善，則所行必然是依於對佛法的理解，而非一時的衝動。而隨著對佛法的體悟愈深，慈悲的力量就會愈加顯發，甚至達到極致。這也反映在菩薩的行為上，由於他們的智慧如此完整深徹，因此在行慈悲時，能夠毫無保留，他們已經超越了自我意識，到達無我，所以在幫助眾生之時，能完全無私地布施，這就是發自內心的慈悲心。

大家在學習時，也要培養這樣的慈悲心，並時時審視自己，當與他人分享快樂時，是否真正感受到了快樂，因而願意慷慨分享？以學佛為例，如果我們真正體會到佛法的美好，在分享佛法的好處時，就會展現出真誠而自然的慈心。分享快樂的心情應該是非常真摯的，也應該在對方分享我們的快樂時，告訴他們佛法的美好，以真誠和直接的互動，讓對方感受佛法強大的攝受力量。

因此，即使表面上我們的幫助看似並不明顯，所奉獻的力量也不大，但這是就事相上而言，只要是以真誠的慈悲心與他人分享，對方在領納時，必能深切地感受到真誠的心意，這會幫助他們建立起信心，相信我們的幫助是充滿力量的。這種力量並非僅僅體現在外在表現的大小，而更是內心深處的力量。

慈悲心在佛法中，是非常重要的精神。在大乘佛教經典中，我們常看到菩薩不斷通過自己的行為表現慈悲心。儘管有些故事看似超越想像，比如割肉餵鷹、捨身飼虎，但菩薩確實實踐了這樣的行為，因為他們的慈悲是發自內心的，是以深徹的智慧為依據，也因此，落實於行動上，就能表現得非常精進，而且充滿力量。

大家要如此理解慈悲心：我們願意發自內心地與他人分享快樂，因為我們已滅去貪心，無貪；同時，我們要以無瞋的心幫助他人解除痛苦，因為我們已拔除了瞋心之苦，無瞋。正因親身走過了從貪瞋至無貪、無瞋的歷程，所以當我們幫助別人拔苦時，更能明白他人的問題所在。因此，慈悲是我們實踐各種善法時，必須具備的心態與精神力量。

佛法修行是以智慧為引導，將心性中的理性、感性與意志三種功能結合，再以慈悲心實踐布施、持戒、安忍、禪定等種種法門，這樣就是一套很完整的佛法修學系統。

此外，還需要具備一個非常重要的觀念來幫助我們實踐善法，要將這個智慧的引導與提醒銘記在心，即一切法都是緣起的。

以緣起觀無常、無我

緣起的觀念，可從兩個角度來理解：一是時間上的流動過程表現為無常；二是空間上的聯繫體現為無我。從空間的角度來看，緣起觀念非常重要，因為很多人在進行各種活動時，都會考慮到個人的利益，即便在幫助他人時，也可能考慮是否能夠從中獲得一些好處，希望行善能有善報，這樣的心態多多少少都帶有功利心。

以功利心的角度行事，其實無可厚非，畢竟在這個世界上，每個人都有各自追求的利益，但如果缺少佛法的智慧，很容易就會被自我中心的意識所左右，將很多事看作是關乎自身利益的。這樣的心態會讓人在做事時，首先考慮自己的利益，有利益才有動力。如果發現做事對自己沒好處，可能就不太願意去做，或即使當下沒有好處，但考慮到將來可能會回報，才有了一些行動的動力。類似這樣的行持，因夾雜了功利心，過程中就很容易產生計較的心理：「我做這些能夠得到多少好處？

如果沒有得到這麼多的好處，我是不是還需要付出那麼多？」這樣的心態，相信多數人都有，也很正常。

然而，這樣的心態很容易讓人將自己追求的利益放大，而忽視他人的利益，甚至為了擴大自己的利益，追求更多的好處，而傷害別人，損害他人的利益。因此，從佛法的角度來看，這樣的心態對於追求佛法實踐的學佛人，很可能導致偏離正確的方向。

因此，佛法提出「緣起」這一重要觀念。從緣起的空間角度觀察，會發現人與人之間都存在著深厚的聯繫，這種聯繫至為關鍵，因為都是所謂的因緣。既然一切都是因緣，都與我們息息相關，這將促使我們思考，如何才能更好地實踐善法。

之所以如此，是因為緣起觀念，讓人直接看到了個人與存在的本質，即是我們所呈現的存在，實際上是一種果報，這種果報之所以顯現，即因有各種各樣的因緣存在於生死流轉中。我們不妨想像：「從出生到現在，如果過程中缺乏其他因緣的存在，我們是否可能存在呢？」當然，父母的生育、養育，老師的指導，以及我們在社會上參與各種事業，正是這許多外在因緣的聚合，才能夠讓我們實現想要完成的事，並造就當下的生命狀態。

將功利心轉化為感恩心

以這樣的觀念看待自身的存在，就能理解為何佛法如此強調感恩的重要性。因為我們把所有的善緣，視為自己的恩人，視為支持生命存在與成長的條件。換句話說，我們能夠從小成長到現在，成為當下的狀態，都是因為這些因緣的扶持，甚至生命中得到的一切利益與好處，皆是由這些因緣而來。因此，我們應將這些因緣視為別人施予的善行，正是這些因緣帶來的力量，才讓我們擁有美好的生活，並促使自己不斷成長。

如果能基於緣起的智慧，建立起這樣的心態，以緣起的角度觀察世界，會發現每一個與我們連結的因緣，都是成就我們這個生命個體的力量與條件。既然我們的成長是由這些條件和因緣所促成，而且我們當下的存在即與這所有的因緣相連，這一切的因緣就會讓我們的存在充滿力量，並能在成長的過程不斷收穫所需的事物與智慧。

這樣的心態，能讓我們將功利心轉化為感恩的心理。也就是說，當我們去做某事，利益到他人時，並非出於追求自身利益，而是因為我們已經從中得到了利益，因此要回報這份恩情。換句話說，我們做任何事，其實都是一個報恩的歷程。因為感恩所有支持我們存在與成長的因緣，成就了今天的自己，所以所做的一切，如果對他人有利，能夠幫助他們成長，比如行布施，幫助他人增長知識，或是佛法修學有所進步，這一切都是因為要回報這份恩情。

在回報恩情時，我們常會發現這並非一條直線的來往。舉例來說，我現在致力於教導大眾佛法，是因為覺得佛法很好，而這一信念是由我的老師所教導的。同樣地，我在其他知識領域也是如此，因為有人教導我，讓我習得了知識，見識也因此擴展，受益良多。現在，當我想回報這份恩情時，就將這些知識以布施的方式分享予他人，把這麼好的佛法傳授給更多人。

然而，我是否會期待他人回報給我一些利益，或得到名聞利養呢？如果我心中存在功利心，在布施時，將會有很多的考慮和計較。這種計較往往會使人想著不做太多或保留一些，以便未來還能得到更多好處。這樣一來，在實踐佛法的布施或其他善行時，就不會以真誠的心，將所有的善意和幫助傳達出去。反之，如果是以感恩的心，因為我們已從各種條件中得到了成就，這些成就應當是我們要回報給眾生的。

在為社會服務時，我們不是想要再從社會中獲得什麼，而是感恩這個社會讓我們能夠如此生存，過著如此美好的生活，並獲得巨大的受用，因此，想要回報對社會的感恩之情。秉持如此的心態，在社會服務時，就能完全放下自我中心，因為我們先從他人或其他的條件中得到了這份恩惠，在回報的時候，自然就沒有理由再想從中獲取些什麼。

以這樣的心態做事，我們能夠無我地投入，並用心地做好每件事。過程中將感受到更大的喜悅、更多的歡喜，因為發現自己竟然有條件做出這麼好的事，有能力回報這些恩情，這對我們來說，是心靈與修養的全面提昇。

也由於心靈的提昇與充實，我們會表現得更出色。同時發現在這個過程中，自己實際上受益更多。當人願意無私地將所學還報予他人，自己的學習也會自然而然地更上一層樓。

通過佛法的智慧，讓我們發現原來可以用這樣的態度來看待這個世界，看待我們與世界之間密切的聯繫。很多祖師大德都在弘法利生的工作中毫無保留，甚至不惜生命。他們在做事時全心全意，是因為深知自己是在感恩和報恩。這樣的心態讓社會能夠不斷向前推進，因為每個時代都有人在受恩的同時，也在回報這個社會。

感恩心之於佛教的修行非常重要，對我們身心的成長發揮著強大的力量。大家要以感恩的心來修行、回報社會，這樣將能讓我們更加成長。

順緣逆緣皆感恩

順緣可以幫助我們成長，帶來各種利益；但也發現在現實生活中，所獲得的並非總是順緣，也可能會遭遇逆境。例如，禪修可能會遭遇諸多不順遂的狀況，當這些不順的境界起現行時，我們是否就不需要感恩了呢？因為這些似乎不是恩惠，而是一種打擊與傷害。

其實，因緣的運作並無所謂的順和逆，只是具足的因緣顯現為果報，如果因緣不具足，則不顯現果報。我們想要的，可能就是得不到的，至於為什麼得不到？因緣不具足。何以因緣不具足？一來是因為「想要」的可能不是真正「需要」的，再者，得到後想要更多卻不可得，於是就變成一種逆緣的狀態。這就好比禪修中，每個人都希望全身通暢、放鬆，數呼吸也好，覺照全身也好，不管用什麼方法，工夫都能直接用上去。可是，假如你的條件不具足該怎麼辦呢？如果你將此視為逆緣，就不會成長，因為心中一定會產生排斥，想方設法去對抗，最後你將發現你什麼東西都學不到，什麼方法都用不上。

因此，要將其視為一個因緣，並且是一個恩惠。之所以是恩惠，因為它啟發了我們，開啟我們內心的負面情緒，與其可能產生的問題，也因而讓我們看到自己本身條件的不具足，或是對自己的期望過高，超越了實際能達到的範疇。這些反省讓我們發現原來所謂的逆緣，其實是一種啟示，是一種能夠幫助我們更認識自己與成長的方式。

許多有成就的人，都是在逆境中成長得更快，因為逆緣是一種警覺和警訊，提醒我們：一是我們是否具備足夠的條件？二是我們所追求的東西，是否超越了實際能力？即便是一些看似會讓我們受傷的某些因緣，實際上也都能幫助成長。

成功的人總是以正面的態度看待事物，以感恩心看待因緣，因為他們知道所有的因緣皆不分順逆，而是取決於自己從何角度對待它，並與之相應。在相應的過程中，人有所成長，所以要還報這個恩，即便在報恩時，可能會遇到一些障礙或阻撓，但會注意到問題的所在，比如發現自身的不足或使用方法不正確，會透過警覺和學習來改進自己。經由調整和加強自身的條件，他們又得以再次成長了。

由此可知，顯現在我們的成長過程和日常生活中的一切，實際上，都在幫助自己成長。我們應以感恩的心態，與這些因緣相應，這樣一來，就能從所有的因緣中，得到受用與恩惠。而在自受用外，也要他受用，要讓感恩的心，在現實生活中全然地發揮，這對提昇心靈非常重要。

（二〇二二年七月二十三日至八月二十日波蘭禪二十八開示，講於波蘭華沙大學藝術學院）

智慧人 55

為什麼要禪修？——大乘禪波羅蜜修行指引

Why Chan Practice?:
Guidance for Practicing the Dhyana Paramita in Mahayana Buddhism

著者	釋繼程
出版	法鼓文化
總監	釋果賢
總編輯	陳重光
編輯	張晴
封面設計	化外設計
內頁美編	小工
地址	臺北市北投區公館路186號5樓
電話	(02)2893-4646
傳真	(02)2896-0731
網址	http://www.ddc.com.tw
E-mail	market@ddc.com.tw
讀者服務專線	(02)2896-1600
初版一刷	2024年6月
建議售價	新臺幣400元
郵撥帳號	50013371
戶名	財團法人法鼓山文教基金會—法鼓文化
北美經銷處	紐約東初禪寺 Chan Meditation Center (New York, USA) Tel: (718)592-6593 E-mail: chancenter@gmail.com

法鼓文化

國家圖書館出版品預行編目資料

為什麼要禪修?：大乘禪波羅蜜修行指引 / 釋繼程著. -- 初版. -- 臺北市：法鼓文化, 2024.06
面； 公分
ISBN 978-626-7345-32-0 (平裝)

1. CST: 佛教修持

225.7 113005316